大展好書　好書大展

品嘗好書　冠群可期

武術特輯
70

簡易太極拳健身功

王建華　著

大展出版社有限公司

作者與恩師孟昭祥先生的合影

作者 1976 年與啟蒙恩師賀春全先生及兄弟們的合影

作者與大成拳恩師于永年
先生的合影

北京代表團一行前往日本　參加日中友好太極拳協會的慶祝和教學活動

2001 年作者在「加拿大首屆世界太極節」開幕式上（作者為太極拳教學主持人）

作者擔任中國武術運動管理中心國際武術段位制培訓的教學工作

2000 年 11 月中國武術運動管理中心派赴「首屆世界太極拳健康大會」指導教學專家組（左起王二平、王建華、門惠豐、崔仲三）

作者在 1998 年教育部運動會開幕式上集體太極拳表演領做

作者 1994 年在日本友好太極拳協會教學期間與會長小池義則先生和全日本太極拳比賽獲獎選手的合影

2000年中央國家機關首屆太極拳培訓班全體領導、教練（門惠豐、張玉萍、王建華）、學員合影

2000年中央國家機關工委領導和教練組的合影（張玉萍、周敬東、門惠豐、楊百戰、王建華）

2002年中央國家機關42式太極拳培訓班全體領導、教練（門惠豐、王建華）、學員合影

內容提要

對於追求養生健身的大眾而言，既需要內容深邃的傳統太極拳文化和有一定難度的現代太極拳競賽技術，又需要新穎獨特、針對性強、通俗易懂、簡單明瞭的太極拳健身方法。

本書根據當今社會工作、生活方式的特點，「以人為本」，探索太極拳為大眾健康服務之路；介紹適應現代社會生活的太極拳健身理念和知識；編排適合您的太極拳學練內容；並為您提供適合自己選擇和結合本身實際情況組編的空間；讓易學易練的太極拳融入您的生活。幫助您紓解、消除現代生活節奏帶來的身心疲勞和不適；為深入學習太極拳奠定基礎；讓太極拳為您的健康服務。

追求傳統太極拳的深奧是習武方式；讓太極拳為今天的大眾服務是現代社會需要的生活方式。

作者簡介

王建華　　男　　1956 年 8 月 4 日出生　　中共黨員

　　北京師範大學體育與運動學院武術教研室主任、副教授、課程與教學論碩士生導師。中國武術七段。北京師範大學武術協會會長。中央國家機關太極拳協會技術指導委員會副主任。1996 年全國優秀教師「寶鋼獎」獲得者。

　　1978 年 3 月考入北京師範大學體育系武術專業。1982 年 1 月畢業後留校任教，一直從事校內外和國內外的武術教學、訓練、科研工作。曾擔任「國際太極拳健康月」「首屆世界太極拳健康大會國際段位制培訓」「加拿大世界太極拳節」等國內外大型武術活動的教學工作；多次擔任中央國家機關太極拳講習班和十餘個部委的太極拳教學工作；曾任中央國家機關太極拳代表隊的教練工作，參賽首屆世界太極拳健康大會獲優異成績。

　　學術成果主要有《太極拳、太極劍學練 500 問》《陳式太極拳提高捷徑》《形意拳入門》等專著；有《棍術》《形意拳競賽套路》、高等院校《武術》教

材、《中國古代體育史話》《中國武術大百科全書》《中國中學教學大百科全書》《中國小學教學大百科全書》《中國老年養頤壽典》等合著；多次參編人民教育出版社全日制普通初級中學和高級中學的《體育》《體育與健康》等教科書和教師教學用書以及參加相應的教學錄影帶和 VCD 光碟的製作等。

2001 年擔任國家體育總局武術運動管理中心「中小學武術技術教學體系與模式研究〔國家省部級科研課題。課題號：WSH/A3〕」的課題主持人。

曾多次應邀赴日本、加拿大等國進行以太極拳為主的武術講學和教學訓練工作，受到邀請方學習者的熱烈歡迎和傳媒機構的宣傳報導。曾在日本《秘傳》《武術》《武藝》等專業雜誌上發表文章數篇。

前　言

　　本著太極拳以人為本、服務社會的出發點，本書專為當今「久坐少動」的大眾群體（如國家機關和所屬部門的領導和工作人員，公司的管理者和員工，在校緊張學習的學生，離退休的老年人等）編寫。

　　平時很少鍛鍊的您需要鍛鍊身體了。您聽說、看到和覺著自己練太極拳最適合，只是稍一接觸，就感到太極拳雖好，但太難。自己只能看著別人練，跟著比劃，比劃完了根本記不住。「乾脆，散散步，隨便活動活動算了。」這是我們平時司空見慣的事情。相信像您這樣的朋友不在少數。這種現象過去和現在有，將來也一定會有。而且隨著社會生活節奏的加快，這種現象還會更多，因為屬於您自己的時間會越來越少。仔細想來，原因頗多，引人深思。我對此極為惋惜：其一，這些朋友失去了太極拳———這樣好的一個鍛鍊緣分。其二，我國的「太極拳隊伍」失去了這麼多對太極拳感興趣，正徘徊在太極拳門口兒的「預備役成員」。

　　分析起來，這些朋友是我國「大眾健身潮」中的主流和「全民健身計劃」的實施對象。他們正在各個領

域，為當今社會的發展而緊張忙碌著。他們的身體狀況僅為一般，現實社會的工作強度和生活節奏使他們沒有多少空閒時間；工作性質和社會定位使他們對體育知識了解甚少；對選擇鍛鍊和保養自己身體的方法更是不知從何處入手。不要說他們根本不具備傳統太極拳傳人和參加現代太極拳比賽所要求的年齡、身心素質、社會活動能力等條件（當然，他們當中不乏經過練習能參加大眾基層比賽者），就是讓他們把一套最簡單的八式太極拳記住和練出點兒動作規格也不是件容易的事情。但是這些朋友需要太極拳，因為他們喜歡太極拳優美的拳勢和韻態；略知太極拳柔、緩、圓、活的特點可以緩解身心疲勞。他們學習太極拳的要求並不高，只是想把太極拳作為保養身體和增進本身健康的鍛鍊手段之一。

那麼，要滿足和適合這樣一個龐大群體的學習需求，其內容只能是針對性強、簡單易學的太極拳練習內容和清晰易懂的太極拳要點和常識。我作為武術專業工作者，願為此作出自己的奉獻。

本書把太極拳變成簡單易學、簡明易懂的鍛鍊方法，是我為大眾朋友們服務的具體方式。讓擁有「世界第一健身品牌」美譽的太極拳為當今更多的人們服務，也是筆者的心願。

目　錄

第一章

簡易太極拳健身功的基本理念

第一節 放開眼界看太極

太極拳原是近代習武者專門研究的一種在接觸對手的瞬間，怎樣借對手的勁，讓對手處於背勢而自己處於順勢，使用最少的勁產生最大戰果的格鬥技術。簡單地說，太極拳就是訓練怎樣「以柔克剛」地、更巧妙地打人的武術。

在長時間的流傳過程中，經過很多前輩的繼承、創新、推廣，使它形成了今天姿勢多變、動作路線複雜、柔和連貫、練習要領繁多、攻防思想獨特的拳種。既然是研究「以柔克剛」地、巧妙地打人，那麼，它的練習方式就區別於講究「快捷剛猛」的拳術。它柔緩連貫、剛柔相濟的練習方式無形之中貼近了大眾，更適合人們鍛鍊身體之用。

縱觀太極拳的發展歷程，從明末清初到 21 世紀的今天，它從農村走向城市；從百姓走向王府；從中國這塊古老的土地走向世界一百多個國家和地區，其豐富的

中國傳統文化內涵和特有的練習方式、身心和諧的健身價值正逐漸展現於世。可以說太極拳是中華民族貢獻給世界的一個優秀的健身體育項目。

這麼一個在我國土生土長的健身習武之法，能有今天的繁榮景象，絕不是某個人或某幾個人力所能及的，而是在悠久的歷史發展過程中，由歷代熱衷太極拳的大師和參與者們；由當今武術的領導者、管理者、工作者和愛好者們共同殫精竭慮地、用傳統方法和現代方式繼承、創新、發展的結果。

太極拳為今天國內外的人們所矚目，是因為眾多的習練者親身體驗到了練太極拳時的身心舒暢，感受到了太極拳對身體的保養功能和醫療價值，領悟到了在中國的這種傳統攻防術中，滲透著中國的哲學、醫學、養生、兵法、倫理、宗教、民俗等文化成分。

現在，太極拳的健身效果和文化價值早已被世界所公認，深受國內外人士的喜愛，是世界上習練者最多的武術項目之一。

鄧小平同志曾在 1978 年 10 月 16 日接見日本朋友三宅正一時，應邀親筆題詞：「太極拳好！」這是鄧小平站在國家領導人的高度上，從健體強國的角度上看到了太極拳對我國人民群眾的健康價值；看到了太極拳對世界人民健康的廣泛適應性。「太極拳好」四個字展現出一代偉人高瞻遠矚的目光和寬闊博大的胸懷。

今天，我們站在文化的角度，可以說太極拳是最具

中國傳統文化內涵、最有保健強身價值、最簡便易行、最有廣泛適應性、最能自我娛樂、最安全和最便於在社會上廣泛開展的世界級優秀健身項目之一，中國武術「博大精深」的特點蘊涵其中。

近年來，隨著我國武術領導機構在世界範圍內對太極拳的宣傳、倡導和推廣，太極拳的防病、祛病、延衰、保健、強身、修身等鍛鍊效果和練習時的安全性已為我國和各國人民所知曉，太極拳已成為東西方文化交流的橋樑。人們把太極拳視為高層次的體育和科學。

近年來我國開展的「太極拳健康工程」、舉辦的「天安門廣場萬人太極拳表演」（1998 年 10 月 15日）、「首屆世界太極拳健康大會」（2001 年 3 月 22日至 26 日）、「國際太極拳健康月」、「全國八式、十六式太極拳、劍推廣賽」等一系列太極拳普及推廣活動，以及國內外科學家們用現代科學手段對太極拳的研究成果，更使人們認識到太極拳對身體健康和促進社會發展的重要性。

「太極拳人口群」正在不斷擴大。在國際上已形成了一個龐大的太極拳愛好者隊伍和潛在的後續太極拳愛好者市場。面對如此大好前景，我想全國和全世界的太極拳愛好者都會說：鄧小平同志「太極拳好」說得好！太極拳確實好！

第二節 太極拳是保持身心健康的好方法

健康的身體是事業和個人幸福生活的本錢；有病的身體是家庭的累贅。青年是國家的未來，有著美好的人生前景；人到中年正值人生輝煌時期，在發揮光、熱的過程中展現著自己的生命價值；為社會貢獻了自己美好年華的老年人進入「夕陽無限好」的人生階段，在為社會發揮餘熱過程中享受著自己的晚年生活。

每個人生階段都是美好的，但都需要健康作為物質基礎，才能讓自己有限的生命充分投入到每個人生階段的美好生活和事業中去。因為，身體是生命的載體。身體的質量決定生命的質量，也就是您自己的生活質量，決定著您能否讓自己的生命活得「盡興」。

當今社會不同年齡階段的人都有各自的辛苦。特別是成年人和青少年每天處在激烈競爭的高強度工作和學習之中，生活在精神壓力大、身心疲憊的緊張氛圍之內。由於時間緊迫，用於個人放鬆的時間就少，空閑的時間就更少。長此以往，只要是沒有大病就算健康了。但是沒有辦法，因為這是生存於現代化社會的現實，是個人、集體、國家都要參與國際競爭的需要。每個人都必須面對眼前的現實。

在現實的緊張生活中，應主動尋求適合自己的身心保健之法。經常主動地、有意識地練養自己的身體應為

每日必行之事，以保持自己的身心處於健康狀態。因為每個人的健康不僅對集體和國家非常重要，對家庭更為重要。全家健康則全家幸福，一人不健康則全家每個人都要受到影響。因此，上至國家建設，下至個人生活、工作，都需要健康的身體。

現代化社會的發展需要人的健康；人要享受現代科技成果和家庭生活的快樂更需要健康。

且不說國內外的科學家從現代生活需要的角度，用現代科學方法對太極拳健康身心作用的研究成果。僅就太極拳動作舒展大方、圓活連貫、柔和連綿、剛柔有韻、主動追求內外兼修的這些獨到之處，就足以使您感受到，它是當今社會生活中較為理想的養生方法。雖然，保養身體並非鍛鍊一種途徑，鍛鍊也未必非用太極拳不可，但是，在都市生活空間受限、時間不夠用的現實生活中，太極拳就是您理想的養生保健之法。為什麼這樣說呢？

1. 太極拳柔和緩慢，講究放鬆內心的同時收到健身之效。這種練習方式在當今快節奏的緊張的社會工作和生活中能讓您真正鬆弛一下身心。在繁忙中能讓人真正喘口氣兒（老北京話稱之為「得到一緩兒」）。

2. 練太極拳時兩腿總是處於虛實的屈蹲狀態，這種身體狀態可穩步增強腰、腿肌肉的力量。中醫講究「腎為身之本，腿為腎之柱」。腰、腿有勁兒，下肢血液循環順暢，不僅能減緩心臟的負擔，還能促進內臟器官血

流通暢，延緩身體各系統機能的衰退和老化，從而使身體各系統的機能正常，有旺盛的新陳代謝能力和有較強的免疫能力。身體對疾病的抵抗力和免疫能力有賴於以腰腿為主的體育鍛鍊，這是早被實踐證明了的事情。

3. 練太極拳時所進行的柔和、圓活、連貫的身體動作，有助於全身微循環系統的健康，延緩內臟機能衰退。此點有中國科學院修瑞娟院士等眾多的研究為證。

4. 練太極拳時兩腿處於虛實變換中，在增強下肢力量的同時，可強化人的「身體重心意識」，延緩運動機能的衰退。這對老年人尤為重要。這一點，有美國對太極拳步法能防止老年人摔跤的研究為證。

5. 練太極拳時，可以使平時意識不到的身體部位得到運動，調動平時不主動參與運動的肌肉和內臟器官的潛能，提高用意識支配自己身體的能力。防止因現代化發展帶來的人體功能退化。

6. 太極拳是容易融入生活的鍛鍊方法，學練太極拳能讓您活得更充實、美好。雖然「學好」太極拳是無止境的，但學練太極拳的過程，也是一個力所能及地學習、追求完美和提高自己思想境界的健身的過程，這個過程是每個人都能做到的。從中您能逐漸獲得現實生活中非常需要的一種積極向上的生活態度，使您的身心健康。

7. 主動加入太極拳的練習集體，在學練中能廣交朋友，增加社會活動範圍，有好的心情，使您的身體和心

理更加健康。

8. 練太極拳不需要特定場地和特別的器械，即使在辦公桌前的空隙和坐在椅子上也能練。對普通大眾而言，高爾夫太貴，保齡球、乒乓球、籃球、足球不僅需要特定的場地，還需要有對手。習練太極拳經濟便宜不說，關鍵是方便。特別是本書為您提供的內容，想練就練，隨時能用。只要您意識到太極的重要性，想練，隨時隨地就能練，就能使您因此而得到健康。

還有什麼好處？您在學練太極拳的過程中感受、體會、琢磨去吧！

第三節 我為什麼要創編簡易太極拳健身功

當今社會正在飛速發展，新知識大爆炸。太極拳的情況也是如此。新中國成立後至今，國家體育領導機構為了普及和推廣太極拳，從 50 年代開始，整理編寫、正式頒布出版了二十四式簡化太極拳、八十八式太極拳、三十二式太極劍、四十八式太極拳。

80 年代為了提高和便於競賽的需要，又編有太極拳、太極劍的競賽套路和陳式、楊式、吳式、孫式、武式等傳統太極拳的競賽套路、段位制太極拳套路、太極拳推手套路等近 20 個套路。這些套路早已成為正式武術比賽中的項目，並廣泛流傳於國內外。

眾多統流派的太極拳是我國民族傳統體育文化的一

部分，原有傳統太極拳幾大流派和近年來新發掘出來的太極拳流派中的套路，以及新創編的太極拳拳械套路更是不勝計數。這些風格特色各異、名目眾多的太極拳械套路為太極拳愛好者提供了豐富的學練內容；展現了太極拳園地百花齊放的大好局面。在中國武術走向世界的進程中，太極拳發揮了重要的「龍頭」作用。

但從「可持續性發展」的角度來看，我認為今後太極拳發展的著眼點應主要放在現在的和未來的太極拳初學者這個大眾群體上。

因為除了前面所講的現代社會生活狀況會使將來更多的人們需要太極拳這種鍛鍊方式，同時我們還應當看到，太極拳本身確實是初學者很難掌握的身體運動。因為它原本就是一種需要體能和動作技巧的打鬥術，在數百年的流傳中，眾多的大師們又賦予了它太多的文化內涵，使其動作更加複雜，要領和術語更加繁多。

太極拳千姿百態的拳勢和半文言的古傳拳譜，不要說對平時很少鍛鍊的初學者，就是對廣大武術專業工作者來說，學習它也確有相當難度。

特別是要把太極拳練出一定水準，更需要練習者的身體素質、體育素養、接受能力、師資水準等多方面的條件，而廣大初學者一般都不具備這些條件。對於國外的大部分初學者更是這樣，太難了、學不會，他們就不會去學去練。

對太極拳做進一步的提煉和簡化工作，是否是太極

拳可持續性發展的出路之一？這是我多年來一直觀察和思考的問題。

多年來，我在國內外多領域的太極拳教學實踐中發現：就學練太極拳的初學者而言，其中只有少數人是為了參賽獲獎、傳承某門派拳法或為了追求太極拳的技擊而練太極拳（其實，參賽、傳承、技擊的最終目的還是為了身心健康）。95％以上的「太極拳人口」沒有成為參賽選手和繼承人的最基本的身體條件。他們的學習目的，僅是因為太極拳這種體育方式適合他們的年齡、身體狀況以及經濟能力；僅是為了用太極拳這種體育方式來鍛鍊身體，或者說是想用太極拳來解決自己的健康問題；以及為了緩解工作、學習中的緊張和疲勞，解除自己身體的不適。

社會的飛速發展，生活節奏的緊張強度，決定了他們對太極拳的需求是用太極拳來保護自己的健康。想學太極拳者，不過是聽、看了太極拳的某一信息之後，想學點兒健身的東西而已。

他們需要的是能在最短時間內儘快學會太極拳的動作和簡單易行的套路；儘快明白太極拳的練習要點和常用術語是什麼意思，對身體有什麼直接的作用；儘快了解太極拳祛病健身的簡單機理和知識；還有一部分退休人員是為了透過參加太極拳活動來接觸社會群體，減少孤獨寂寞，愉悅身心。

簡而言之，大眾學練太極拳的需求和目的就是為了

自己的身心健康。

我是武術專業工作者，從事武術專業的教學訓練和太極拳的推廣教學近三十年。我願意在太極拳的精煉和簡化方面作出自己的貢獻。雖然自認為本書充其量也就是一塊「好磚」，但讓現在和將來的更多的朋友走進太極拳的健身行列，使他們由學練太極拳而獲得身體健康和能「盡興」的生活質量，卻是我衷心希望引出的「寶玉」。

第四節 本書內容的特色和作用

關於本書內容的特色和作用，主要有以下幾點。
讓太極拳為讀者大眾服務
這是本書編寫的出發點，也是本書的最大特點。本書的內容是一個面對大眾群體健康需求的、精煉和簡化的太極拳健身方法系列。並有開放型的學練方法，便於讀者選擇和儘快學會。
本書所編的技術內容具有規範性和廣泛適應性
內容都是從國家正式推廣的和民間著名的太極拳中有針對性地選擇和開發其潛在功能的經典動作，再加工改編而成，絕不是隨意抽取羅列。沒有接觸過太極拳的人，學練本書的內容可以健身，稍用功學練，即可掌握太極拳的基本要領；有太極拳基礎的人可將本書內容作為「太極拳功法」來練，可以保持身體的專項運動能

力，提高太極拳演練水準。

本書所編的簡易單勢和簡易柔勁、剛勁短套路，均採用最能體現武術練功特色和太極拳本身特點的原地方式。

方式之一，是支撐腿原地不動，屈蹲支撐身體重心或蹬伸，另一腿輕鬆動步。

方式之二，是兩腳原地不動的連續移動變換身體重心。在此基礎上選配相應的手法動作。

我這樣編排的目的主要有以下幾點。

1.減少鍛鍊空間和時間，方便讀者儘快學會並能隨時隨地進行鍛鍊。儘快體會到太極拳由練腰、腿而健康全身的鍛鍊效果。

2.便於讀者儘快適應練太極拳時下肢靜力性的用力方式，為進一步學習太極拳打下腿部靜力性力量的專項素質基礎和主要步型、步法的規格基礎（傳統練法要先「站樁」，這種練習方式既有「站樁」的效果，又不枯燥）。

3.遵循太極拳的技術體系和學習規律，便於讀者在簡單的動作中體會和掌握太極拳的練習要領。

4.展現太極拳的特色和使動作有趣味性，選編的上肢手法動作比較豐富。避免讀者練習時感到枯燥，同時也便於讀者儘快體會到太極拳上鬆下緊的用勁方式。

5.下肢動作盡量簡單、上肢動作相對複雜的設計方式，便於讀者集中精力儘快掌握太極拳的基本手法（因

太極拳的手法複雜）和身體的運動方式。進而掌握「一動無有不動」「上下相隨」的運動特色。

6.在全身運動的前提下，重點活動某一個針對的身體部位，是本書內容祛病養生的主要原理。

中國武術從挖掘、整理走向規格化、市場化，最終要走向為大眾服務的人文文化。無論您現在是什麼水準，需要學習到什麼程度，自學還是去跟哪位老師學習，本書都能為您打下一個良好的基礎，使您得到不同層次的收穫。

在練太極拳的過程中，學練者不過於固執於自己的長處，才不會有妨礙進一步提升的成見，才能收到練太極拳的真正效果，才能在身心受益的同時為我國的太極拳事業，乃至武術事業和體育事業的發展作出自己的貢獻。

第二章

簡易太極拳健身功的
熱身、功法、整理活動

第一節　準備活動——折疊蹲起

練太極拳時下肢以靜力性用力為主，膝關節負擔較重。因此，練習太極拳之前要做好準備活動。

常用的準備活動主要是做伸展手臂、壓腿、踢腿、拍腳等。折疊蹲起這個動作，可以使身體的關節肌肉得到充分的運動，把下肢和全身的運動機能儘快調整到練習太極拳的適宜狀態。

練習太極拳之前只練折疊蹲起或配合一些常用的準備活動都可以。

【動作過程】：

1.兩腳側向開步；身體放鬆直立；兩臂自然下垂於體側；自然呼吸（圖 2-1）。

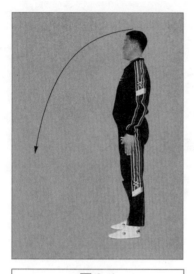

圖 2-1

圖 2-2

2.上體放鬆前俯，雙手自然下垂；自然呼氣（圖 2-2）。

3.落臀下蹲；雙手扶膝；上體正直立起；自然吸氣（圖 2-3）。

4.抬臀；低頭；兩腿伸膝站起；自然呼氣（圖 2-4）。

5.上體放鬆直起，兩臂自然下垂於體側；自然吸氣（圖 2-5）。

圖 2-3

圖 2-4

圖 2-5

如此反覆進行慢速連貫的練習。

【本動要點】：

上體前俯時雙手盡量接近地面；下蹲時腳跟不能離地；抬臀時要低頭；上體直起時腳趾稍用力。完整動作要慢速連貫。

【主要健身作用】：

由變換身體的自然狀態，活動髖、膝、踝關節；增強腿部肌肉力量；促進全身血液循環。

【參考練習次數】：

一次俯蹲抬起為 1 次；每組 6～9 次。只練此勢，可練 2～3 組。

第二節 功法——垂直蹲起

本動可以作為太極拳初學者的入門引導練習和有一定太極拳水準者保持太極拳專項素質的練習。利用身體垂直下蹲和起立，可以明顯體驗和適應練太極拳時上體正直、上鬆下緊的身體運動方式；增強腿部肌肉練太極拳時必須具備的靜力性力量；掌握立腰後撐（「鬆腰立脊斂臀」）和身體重心後靠這兩個太極拳健身和練功的規律性關鍵要領。

本動是既簡單又重要的練功方法。經常練習，會感到下肢肌肉飽滿，精力充沛。對提高太極拳水準有明顯的直接作用。

圖 2-6

【動作過程】：

1. 兩腳側向開步，與肩同寬；身體放鬆直立；

圖 2-7

圖 2-7 側

兩臂自然下垂於體側；自然呼吸（圖 2-6）。

2.上體正直；兩腿屈膝向下深蹲；同時，雙掌自然落至體側；自然呼吸；目視前方（圖 2-7、圖 2-7 側）。

3.上肢姿勢不變；保持上體正直，兩腿伸膝站起；自然呼吸；目視前方（圖 2-8）。

如此反覆進行慢速連

圖 2-8

貫的練習。動作熟練和腿部力量有所增強之後，可面對牆壁站立，將兩腳尖頂著牆根；然後練習本動（傳統功法稱之為「面壁功」）。

練習初期身體總會向後倒，有一定的難度，但練習一段時間後就會掌握。這種下蹲的能力和力量對學練太極拳有很重要的作用，健身的效果也很好。

【本動要點】：

1.下蹲和站起時，身體均要正直並盡量向後靠，重心放在腳跟上。

2.下蹲時上體不能前俯，要正直並自然放鬆；呼吸平穩。

3.下蹲時兩腳跟不能離地，臀部要盡量下落，接近腳跟。

4.連續練習時要慢速連貫。

【主要健身作用】：

1.活動髖、膝、踝關節，增進下肢關節的靈活性。

2.增強大腿肌肉的靜力性力量，使下肢適應太極拳靜力性用勁的要求。

3.本動可以有效鍛鍊大腿、髖部和腰部的肌肉，使這些部位的肌肉飽滿充盈。對因坐姿工作時間過長而造成的腰、腿酸軟無力有極好的鍛鍊效果。

4.深蹲時可以拉開腰骶關節和後背的肌肉及韌帶，

對勞損性的腰背疼痛有緩解和治療作用。

【參考練習次數】：

一蹲一起為1次，每組6～9次。只練此勢，可練3～4組。

初學者練習「直立下蹲」時，經常會在下蹲時出現上體向後倒或提腳跟的現象。其原因主要是踝關節的柔韌性不夠。解決的辦法，可在練習原地正壓腿時，用腳掌頂著牆，這樣做可以起到「壓踝」的作用。提高踝關節背伸的幅度。

第三節 整理活動——拍打雙腿

練習太極拳時，下肢的運動量和肌肉緊張度都很大，結束太極拳的練習之後，要對全身進行梳理。由整理活動，使身體各器官系統的機能由運動狀態逐漸緩和下來，恢復到自然平靜的狀態。

【動作過程】：

兩腳側向開步；身體放鬆直立；雙手扶按腰部。然後上體逐漸前俯，雙手從腰和臀部開始，向下依次沿腿的外側拍打至外腳踝；接著上體逐漸抬起，再由內腳踝開始，向上依次拍打腿的內側，至髖部時，再後轉從腰部向下拍起。

【本動要點】：

　　對肌肉部分可用力拍打；對關節部分拍打的力量要稍輕。

【主要健身作用】：

　　促進下肢血液循環；調理全身。

【參考練習次數】：

　　由腰至腳，再由腳至腰為一次；每組 6～10 次；可練 2～3 組。

第三章

供你選擇的簡易太極拳
健身功單勢

第一節 本節內容的學習和練習方式

1.本節依據人的認識規律和學習運動技能的規律，共提煉、選編、撰寫了十五個兩腳原地不動或一腳動步的太極拳單勢（動作組合）；每個單勢既是某種技法的代表，又是數種主要技法的綜合體。目的就是讓您了解太極拳的基本技術內容和基本要領；掌握基本技術的規格，理解基本要領的含義；為學習後面的原地太極拳套路和其他太極拳套路奠定基礎。

在這十五個單勢中，您將學練到推掌等手法、原地轉腰移動重心等身法、上步等步法、蹬腿等腿法以及若干個太極拳的規律性要領。

2.每個太極拳單勢之間，既是遞進關係，也可以是平行關係。說是遞進關係，是因為每個單勢動作都是太

極拳某種主要技法和要領的載體，它們的排序是我依據初學者對太極拳運動技能和要領的認識規律而選編安排的。按此順序學練，可以較系統地儘快掌握太極拳的規律性技術方法。適用於想把太極拳學好的初學者。

說是平行關係，是因為這十五個單勢中的每個單勢都是一個太極拳的獨立單位，都具有太極拳的主幹要素；有基礎、想練功夫的人，可以根據自己的技術缺陷或不足，有針對性地從這十五個單勢中選擇自己需要的單勢，每個單勢都是練功的好方法。

3. 如果說您只想學點太極拳鍛鍊身體的話，那麼，您在此有充分的自由選擇空間。因為本章就是為了給您這樣的初學者提供方便的。只要您稍用心學練，就能儘快學會，收到太極拳的健身效果。對這十五個太極拳單勢，您有以下權利：

第一，不必練好了一個太極拳單勢再練下一個，先練哪一個都行。上來就學簡易柔勁或勁力太極拳短套路也可以。找一個您喜歡的內容起步，從此開始您的太極拳的生涯。千萬別怕忘，忘了再學。時間長了就能記得住。

第二，反覆練習某一個太極拳單勢也行；選出三兩個能記得住的，一個一個地練也很好，能連著練習更好。

第三，選幾個自己喜歡的太極拳單勢，把它組合起來，先進行左側的連續練習，然後再練右側的相同動

作。

第四，除了我在後文第四節為您提供的「配方範例」之外，您還可以根據自己的年齡、工作性質、生活環境以及疾病等具體情況，從本書中選擇搭配更適合自己的配方。

如辦公室三式、家庭保健三式、坐車一式、等待三式等等。您就看著本書仔細琢磨吧！

4.第十五勢和第十六勢是專為走路不便的老人編寫的坐在椅子上練習的動作。但也可以站著練習。走路方便的老人、腿腳麻利的中青年也都可以練習；長時間坐著工作的人，坐著練這兩個動作也很好。

不過，最好站起來練，讓全身的血脈活動一下。其他十三個單勢也可以坐著練習。但躺著練不行！

第二節 簡易太極拳健身功單勢的起勢和收勢

太極拳的起勢和收勢可以說是太極拳中最簡單的動作。

起勢主要表示某一個拳勢或太極拳套路的開始。其作用主要是使習練者集中意識、調整呼吸、調動身心進入主要內容的練習。

收勢主要表示某個拳勢或太極拳套路的結束，使習練者保持精神、調理呼吸，起到使身體緩和下來的整理作用。

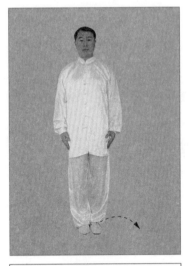
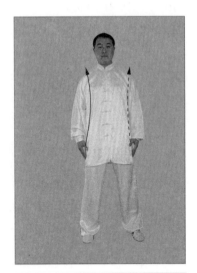

| 圖 3-1 | 圖 3-2 |

簡易太極拳的起勢和收勢動作

預備勢

兩腳併步，身體放鬆直立，重心保持在兩腳之間；身體放鬆；精神飽滿（圖 3-1）。

起　勢

1.開步起勢

身體重心移至右腿；左腳跟至腳尖依次提起，向左側開步至與肩寬，然後腳尖至腳跟依次落地；身體重心移至兩腳之間（圖 3-2）。

| 圖 3–3 | 圖 3–4 |

2. 領舉雙臂

雙手腕上領;鬆肩;兩臂輕鬆上提(圖 3-3)。

3. 屈蹲下按(太極拳站樁的姿勢)

兩腿屈蹲,臀部下坐;同時,兩臂沉肘,雙掌下按
(圖 3-4)。

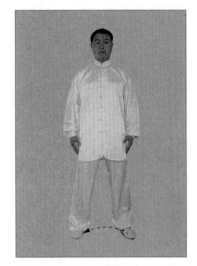

圖 3-5　　　　　　　　　圖 3-6

收　勢

4.領舉雙臂

上體保持正直，兩腿站起的同時前伸雙掌（圖 3-5）。

5.雙掌下落

身體姿勢不變，雙掌下落至體側（圖 3-6）。

6.併步收勢

左腳跟至腳尖依次提起，向右腳併攏，然後腳尖至腳跟依次落地；身體重心移至兩腳之間成併步（圖 3-7）。

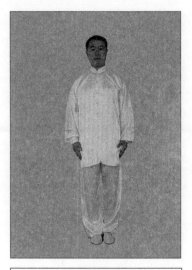

圖 3-7

　　上面第 1～3 動是簡易太極拳的起勢動作；其中第
3 個分解動作是太極拳的站樁姿勢（下一部分「太極拳
單勢」中有專門的介紹）；第 4、5、6 動是簡易太極拳
的收勢動作。初學者可把每個分解動作學會之後進行連
貫的練習。

　　在這本書中，每個單勢和套路的起勢、收勢都是與
此相同的動作。為避免重複，在下面介紹每個單勢動作
時，就不再用文字和圖具體介紹起勢和收勢了，均以
「太極樁」的姿勢作為每個單勢動作的開始和結束。

圖 3-8

第三節　簡易太極拳健身功單勢圖解

第一勢　前推後收

預備勢和起勢同前；至「太極樁」（圖3-8）。

1.雙手外旋，向內上收，掌心向內，指尖向上；同時，身體重心移至腳跟，盡量向後靠；自然吸氣；目視前方（圖3-9、圖3-9側）。

2.雙手內旋，向前推出，掌心向前，指尖向上；同時，身體重心移至腳趾，盡量向前移；自然呼氣；目視前方（圖3-10、圖3-10側）。

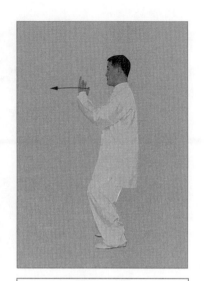

圖 3-9 圖 3-9 側

圖 3-10 圖 3-10 側

圖 3-11

　　如此反覆慢速連貫地練習。如果不練習了，就可以雙腿屈蹲；同時，雙掌內收下按至腹前，掌心向下；目視前方還原成「太極樁」（圖 3-11），然後接著收勢，動作同前。

【本動要點】：

　　1. 保持腿的屈蹲姿勢。

　　2. 兩膝要微向外撐。

　　3. 在兩腳不動保持平穩的前提下，身體重心的前後移動幅度要盡量大。

　　4. 雙手的收掌、推掌要隨身體而行；動作不要太

大。

5. 練習過程中，要保持下頜自然內收，頭上頂（「頭頂懸」），肩下沉，肘尖向下（墜肘）的姿態；雙掌自然內旋、外旋。

【主要健身作用】：

強化腳掌對身體重心的感覺；擴大身體重心的移動範圍；舒活上肢的肌肉關節。

【太極拳技法講解】：

1. 在身體運動的同時，手掌和前臂隨之連貫地內旋外轉地表現各種手法，是太極拳手法的特點，也是初學者學練過程中的難點。很多人練太極拳時總顯得手法僵硬，原因就是手掌和前臂的內旋外轉不自然。練習本動，容易體會到雙掌和手臂內旋、外旋的運動方式；掌握雙掌前推的方法。

2. 「頭頂懸」「沉肩」「墜肘」是練習太極拳時要保持的身體姿態，練習此動時，容易體會到這些太極拳的規律性要領，對此要特別加以注意。

【參考練習次數】：

一收一推為 1 次；每組 8～10 次。可練 3～4 組。

圖 3-12

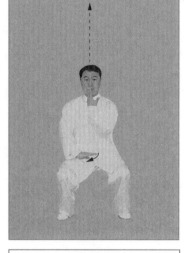

圖 3-13

第二勢　上穿下按

預備勢和起勢同前；至「太極樁」（圖 3-12）。

1.左穿右按

雙腿下蹲；同時，右掌在身前向內落按，掌心向
下，掌指向左；左掌隨之外旋上穿，掌指向上，掌心向
左；目視前方；自然呼氣（圖 3-13）。雙腿站起；同
時，左掌繼續上穿，並逐漸內旋手臂至掌心向外，掌指
向上；同時，右掌內旋下按；目視前方；自然吸氣（圖
3-14）。

圖 3-14

圖 3-15

2.右穿左按

雙腿下蹲；同時，左掌
在身前向內落按，掌心向
下，掌指向右；右掌隨之外
旋上穿，掌指向上，掌心向
右；目視前方；自然呼氣
（圖 3-15）。雙腿站起；
同時，右掌繼續上穿，並逐
漸內旋手臂至掌心向外，掌
指向上；同時，左掌內旋下
按；目視前方；自然吸氣
（圖 3-16）。

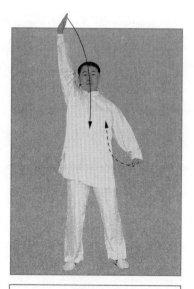

圖 3-16

圖 3-17

　　如此反覆慢速連貫地練習。如果不練習了，就可以
雙腿屈蹲；同時，雙掌內收至腹前，掌心向下；目視前
方還原成「太極樁」（圖 3-17）。然後接著收勢，動
作同前。

【本動要點】：

　　1.上穿的手臂要邊旋邊伸，盡量上舉；下按的手掌
根要盡量下落；上穿下按要同時對拉用力。

　　2.上穿下按的對拉要借助兩腿的蹬伸之力。

　　3.上穿下按時，雙肩均要注意下沉（「沉肩」）。
尤其是上穿的一側。

【主要健身作用】：

1.伸展肩肘關節；抻拉肋間肌肉；使軀幹的兩側得到充分的舒展；提高呼吸肌的力量。

2.對預防和治療肩周炎有一定的效用。對內臟和頸部肌肉也有活動效果。

【太極拳技法講解】：

1.像本動這樣大幅度的同時上穿下按的手法在太極拳中很少，但很多拳勢之間的連接和過渡動作卻有與此近似的動作。初學者學練和掌握本動有助於進一步的學習。

2.上下同時對拉用勁是太極拳的用勁方法之一。初學者學練本動能對此勁有明顯的體會。

3.「端肩」是初學者學練太極拳時最容易出現的問題。「沉肩」是練習太極拳始終要保持的肩部姿態。

4.上肢和上體動作借助腿的蹬伸之力是太極拳需要的協調能力，初學者在練習本動時能有所感受。

5.能感受到「起吸落呼」的太極拳呼吸方法。

【參考練習次數】：

左、右穿按為 1 次；每組 6～10 次。可練 2～3 組。

| 圖 3-18 | 圖 3-19 |

第三勢 左右雲手

預備勢和起勢同前；至「太極樁」（圖 3-18）。

1.左雲手

身體向右轉；重心移至右腿；同時，右手叉腰；左掌向右斜前方外旋穿出，掌心向上；目視左掌（圖 3-19）。身體向左轉；同時，左掌外旋，掌心向內，掌指向上；目隨左掌（圖 3-20）。身體繼續向左轉，重心移至左腿；同時，左掌內旋擺轉至身體左側，掌心斜向下，掌指向左；目隨左掌（圖 3-21）。

2.右雲手

身體向左轉；重心仍在左腿；同時，左手叉腰；右

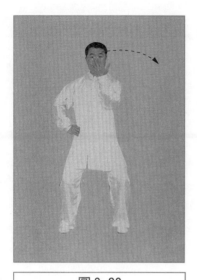

圖 3-20

圖 3-21

掌向左斜前方外旋穿出，
掌心向上；目視右掌（圖
3-22）。身體向右轉；同
時，右掌外旋，掌心向
內，掌指向上；目隨右掌
（圖 3-23）。身體繼續
向右轉，重心移至右腿；
同時，右掌內旋擺轉至身
體右側，掌心斜向下，掌
指向右；目隨右掌（圖
3-24）。

圖 3-22

圖 3-23

圖 3-24

　　如此反覆慢速連貫地練習。如果不練習了，就可以雙腿屈蹲；同時，雙掌內收下按至腹前，掌心向下；目視前方還原成「太極椿」（圖3-25），然後接著收勢，動作同前。

　　【本動要點】：

　　1.身體在左右轉動的過程中要以腰為軸；上體始終要保持正直（立脊）並舒鬆胸部（自然含胸）。用身體的轉動帶領手臂運轉。

　　2.手要畫立圓路線，兩手左右交換要協調自然。

　　3.注意手臂的肘尖向下（墜肘）並微屈，手臂保持

圖 3-25

一定的彎曲度（呈弧形）。

4.頭的轉動要自然，眼神隨手動。

【主要健身作用】：

1.使頸、肩、髖、膝等身體的主要關節得到連續的小幅度活轉。

2.讓脊柱在垂直的狀態（「尾閭中正」）下得到鬆活的轉動。

3.「眼隨手動」，可在鬆活手臂的同時使眼睛得到主動的運動；另外也活動了頸椎，依次放鬆頸部左右側的肌肉，改善頭部的血液供應。

4.身體各關節在微屈的狀態下連續緩慢轉動，可以鬆活身體，促進全身的血液循環，釋放疲勞，從而調節和改善身體的內環境。

【太極拳技法講解】：

1.左右雲手是太極拳雲手的簡化練習，學會這個動作，就能比較快地學會太極拳套路中的雲手。

2.「尾閭中正」是指練太極拳時上體要正直，同時脊柱始終要保持直立，不能左右彎曲或整體歪斜。「腰為軸」是指練太極拳時，上體的擰轉要以腰為轉動的軸心。「尾閭中正」「腰為軸」是練習每一個太極拳動作和套路時要保持的姿態和要注意的規律性要領。在本練習中對此要著重加以體會。

3.在身體重心左右平移的同時，以身體的轉動帶動手臂運轉；手臂運轉的同時還要內外旋地自轉。這是太極拳的重要運動方式之一。初學者由本練習，可以儘快體驗到和學會這種運動方式，為進一步學習太極拳的其他同類動作打基礎。

【參考練習次數】：

左、右雲手為 1 次；每組 6～10 次。可練 2～4組。

以上 3 勢雖然簡單，但其中包含著太極拳的手法、下肢、軀幹的基礎技術方法和運動方式。對太極拳初學

圖 3-26　　　　　　　　圖 3-27

者來說，掌握前後、上下、左右方位的身體動作，是建立準確的肢體空間運動感覺，正確掌握太極拳基本技術的好方法。

第四勢　原地活步

預備勢和起勢同前；至「太極樁」（圖 3-26）。

1. 左側活步

上體正直；雙手後扶腰部（圖 3-27）。身體左轉；重心移至右腿；同時，左腳以腳掌為軸，腳跟內轉成虛步（圖 3-28）；左腳提起上步，腳跟著地（圖 3-29）；右腿蹬伸，左腿屈蹲成弓步（圖 3-30）；重心後移，右腿屈蹲，左腳尖抬起（圖 3-31）；身體向右

圖 3-28

圖 3-29

圖 3-30

圖 3-31

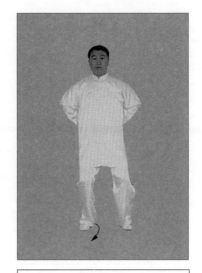

圖 3-32   圖 3-33

轉，同時，左腳尖內扣；目視右前方（圖3-32）；身
體左轉，左腳後收還原成預備勢；目視前方（圖3-
33）。

2.右側活步

右側動作同左側動作，惟所用的肢體動作相反（圖
3-34、圖3-35、圖3-36、圖3-37、圖3-38、圖3-
39）。

如此反覆慢速連貫地練習。本動的速度一定要慢，
其中的虛步、弓步和身體重心後移的姿勢都可以稍停一
定的時間。如果不練習了，就可以還原成「太極樁」
（圖3-40），然後接著收勢，動作同前。

圖 3-34

圖 3-35

圖 3-36

圖 3-37

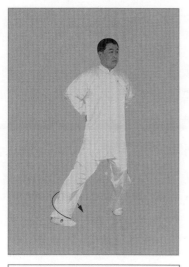

圖 3-38

圖 3-39

圖 3-40

【本動要點】：

1.成虛步時，身體重心要保持在支撐腿上；另一腿的前腳掌要輕點地面，腳跟要自然提起；虛實要分明。

2.上步時，支撐腿要保持平穩；上步的腿要輕緩邁出，讓腳跟輕輕著地，然後再蹬伸支撐腿。成弓步時，後腿要自然蹬直。

3.身體重心向後移動時，後腿要屈膝坐髖，移動的幅度應盡量大。

【主要健身作用】：

1.增強腿部肌肉力量和靈活性。

2.提高單腿支撐體重的能力和意識，體驗腿的活動範圍和方位感覺。本動作用對老年人非常重要，可以提高老年人用意識支配下肢的能力，減少摔倒的概率。

【太極拳要領講解】：

1.太極拳對步型步法的要求是「虛實分明」。其含義是練太極拳時總是要將身體重心保持在某一條腿上，另一條腿能輕靈地活動自如。

2.虛步和弓步都是太極拳套路中出現次數最多的步型。本動練習能使初學者儘快掌握虛步和弓步的動作規格，體悟「虛實分明」的動作要領。

3.上步是太極拳的主要步法。上步的腳向前邁進

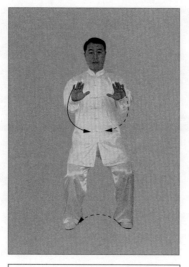

圖 3-41

時，要「邁步似貓行」，像貓走路那樣輕穩；因此要鬆
髖活膝，要更加注意「虛實分明」。

4.重心向後移動的同時，以腳跟為軸腳尖內扣的動
作叫「碾步」，是太極拳動作轉換方位、變換方向時的
步法。對初學者尤為重要。

【參考練習次數】：

左、右側活步為1次；每組6～8次。可練3～4
組。

第五勢　活步托按

預備勢和起勢同前；至「太極椿」（圖3-41）。

| 圖 3-42 | 圖 3-43 |

1. 丁步雙托

身體向左轉；重心移至右腿；左腳提收至右腳內側成丁步；同時，雙手外旋，掌心向上、指尖相對托抱於腹前；目視前方（圖3-42）。

2. 上步雙穿

左腳向左前方上步，腳跟著地；同時，雙掌向前穿出，掌心向上（圖3-43）。

3. 弓步雙按

右腿蹬伸，重心前移成弓步；同時，雙掌內旋向下劃弧採按（圖3-44）。

圖 3-44

圖 3-45

4.後坐雙托

左腿蹬伸，重心後移；同時，雙手外旋，掌心向上、掌指相對托抱於腹前；目視前方（圖3-45）。

5.弓步雙按

右腿蹬伸，重心前移成弓步；同時，雙掌內旋向前、向下畫弧採按（圖3-46）。

圖 3-46

圖 3-47　　　　　　　　　圖 3-48

6.轉腰扣腳

身體向右轉，重心右移；左腿隨之蹬伸並內扣腳尖；同時，雙掌外旋向上托抱於腹前；目視前方（圖3-47）。

7.撤步還椿

身體向左轉，左腳隨之後撤成平行步；同時，雙掌內旋向下至腹前，掌心向下；目視前方（圖3-48）。

右側托按動作同左側動作，惟所用的肢體動作相反（圖3-49、圖3-50、圖3-51、圖3-52、圖3-53、圖3-54、圖3-55）。

如此反覆慢速連貫地練習。如果不練習了，就可以接著收勢，動作同前。

圖 3-49

圖 3-50

圖 3-51

圖 3-52

圖 3-53

圖 3-54

圖 3-55

【本動要點】：

1. 丁步要虛實分明。

2. 每側動作要向斜前方 45°上步。

3. 托抱掌和採按掌的動作要隨身體運動而行；動作幅度不要過大。

4. 身體重心前後移動要平穩；身體重心後移時，支撐腿要收髖屈蹲；盡量後坐。

【主要健身作用】：

1. 本勢是一個有上肢動作配合的、身體重心前後平移的步型步法動作，可增加身體重心在兩腿之間的移動幅度，提高身體的靈活性和上下肢協調動作的能力（「上下相隨」）。

2. 本勢兩次用後腿支撐體重，可提高單腿支撐體重的能力和意識。單腿支撐體重是太極拳的特點之一，對老年人尤其重要。因增加了單腿支撐體重的能力，可加大身體重心活動的支撐面，強化「身體重心意識」，對預防老人摔倒有積極的作用。

3. 練習時肌肉鬆緊交替，可改善全身的血液循環，對於久坐或久站產生的下肢疲勞有明顯的緩解作用。

4. 使上肢各關節得到較充分的內外旋轉小幅度的運動。

【太極拳要領講解】：

1. 配合手法前後移動身體重心是太極拳動作的特點，也是本勢的練習重點。初學者練習時身體重心移動的幅度要盡量大。

2. 通常，太極拳的動作是在一手推出或分出的同時，另一手就要在腹前成單手托抱掌或在胯旁成單手採按掌，這是太極拳中經常出現的上肢姿態。托抱掌和採按掌所處的位置也是太極拳手法所要達到的規範位置。這兩種手法可以說是太極拳的規律性上肢技法；本練習可以使初學者較快地找準位置和掌握這種上肢運動方式。

3. 丁步是太極拳主要步型之一，太極拳套路中經常是從丁步開始出步。

4. 成弓步後，身體重心後移，後腿屈蹲，前腳尖隨之抬起，然後再前移成弓步的這種下肢技法也是太極拳中經常出現的。本練習可以使初學者較快地掌握這種太極拳規律性的下肢運動方式。

【參考練習次數】：

左、右活步托按為 1 次；每組 4～8 次。可練 2～4 組。

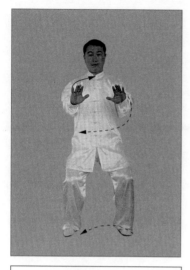

圖 3-56

圖 3-57

第六勢　穿梭摟推

預備勢和起勢同前；至「太極椿」（圖 3-56）。

1.左架推掌

身體重心右移；左腳內收，前腳掌著地成丁步；同時，右手向上、左手向下畫弧成托抱掌；目隨右手（圖3-57）。左腳向左斜前方上步，腳跟著地；同時，左手向上、右手向下繞轉（圖 3-58）。右腿蹬伸，重心前移成左弓步；同時，左掌內旋上架；右掌向前立掌推出；目視右掌（圖 3-59）。

| 圖 3-58 | 圖 3-59 |

2.左摟推掌

身體右轉，重心右移；左腳內收，前腳掌著地成丁步；同時，右手向下經外旋向上繞擺至身體右側，掌心向上；左手隨之落擺至右肘旁；目隨右掌（圖 3-60）。左腳向左斜前方上步，腳跟著地；同時，左手下摟至左膝前；右手隨之屈肘至右耳旁；目平視左斜前方（圖3-61）。右腿蹬伸，重心前移成左弓步；同時，右掌向前立掌推出；左掌隨之摟轉至左髖旁；目視右掌（圖3-62）。

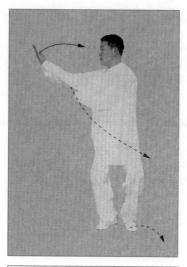

圖 3-60

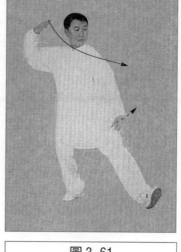

圖 3-61

圖 3-62

第三章　供您選擇的簡易太極拳健身功單勢　73

圖 3-63　　　　　　　　　　　　圖 3-64

3.抱掌還椿

身體右轉，重心右移；左腿隨之蹬伸，左腳尖內扣；同時，右掌外旋、左掌向上收抱至胸前與右掌交叉，左手在外；目隨左掌（圖 3-63）。身體向左轉，左腳隨之後撤成平行步；同時，雙掌內旋向下落至腹前，掌心向下；目視前方還原成「太極椿」（圖 3-64）。

右側穿推動作同左側動作，惟所用的肢體動作相反。右架推掌（圖 3-65、圖 3-66、圖 3-67）；右摟推掌（圖 3-68、圖 3-69、圖 3-70）；抱掌還椿（圖 3-71、圖 3-72）。

圖 3-65

圖 3-66

圖 3-67

圖 3-68

圖 3-69

圖 3-70

圖 3-71

圖 3-72

如此反覆慢速連貫地練習。如果不練習了，就可以接著收勢，動作同前。

【本動要點】：

1. 托抱掌的手臂要自然撐圓；上手與胸同高，下手與腹同高。

2. 架推掌的上架手臂要呈弧形，手心斜向上；前推的手臂要沉肘，立掌前推。

3. 繞擺掌的繞擺路線要圓；摟推要同時進行，同時到位；前推的手臂要沉肘，塌腕立掌前推。

4. 前腳回撤成丁步時，後腿要先屈膝收髖，使身體重心向後移動，帶動前腳回收。

5. 架推掌和摟推掌的推掌均要借助後腿的蹬伸之力。

【主要健身作用】：

1. 架推掌和摟推掌都是太極拳中動作幅度較大的手法；練習時可以使上肢和腰、頸、肩背等身體部位得到充分的運動。

2. 在上肢舒展運動的同時，與之配合的眼法可使頭部隨之轉動。這種運動對頸肌和頸椎的疲勞有明顯的緩解作用。可以緩解頸、肩、背、腰因久坐久站或長時間單一動作而產生的酸痛疲勞等不良感覺。還可放鬆眼部的肌肉，使視力得到調節。

3.配合上步、撤步的架推掌和摟推掌都是太極拳中典型的舒展動作，熟練之後可以體驗到全身鬆柔舒暢的感覺。

【太極拳技法講解】：

1.推掌是太極拳手法中的重要掌法之一，是初學者應重點掌握的太極拳基本技術。本勢是連續練習推掌的組合動作，練習時要特別注意沉肩、墜肘、塌腕這些要領，以及後腿蹬伸的配合。

2.架推掌是一手上架的同時向前推掌；摟推掌是一手下摟的同時向前推掌。都是攻防相寓的動作。架掌是上位的防守技法；摟推掌是下位的防守技法；推掌是向前的進攻技法。

3.太極拳的推掌特別注重後腿的蹬伸和轉腰的配合。傳統拳論中特別強調「由腿及腰及手，總須完整一氣」。初學者在練習推掌時對此點要著重仔細體會。

4.太極拳和武術中其他拳種的眼法主要有「注視」「隨視」兩種。「注視」是擊打動作到達頂點時，眼神要盯住擊打的方向，或在定勢時盯住某個方向。「隨視」是頭和眼睛隨著手的運動同時運轉。傳統拳論中有「目隨視注、眼隨手動」之說。本動對練習這兩種眼法有專門的作用，初學者在練習本動時對此要著重仔細體悟。

圖 3-73

【參考練習次數】：

左、右穿梭摟推為一次；每組 4～8 次。可練 2～4 組。

第七勢　左右推掌

預備勢和起勢同前；至「太極樁」（圖 3-73）。

1. 左擺掌

身體左轉；重心移至左腿；同時，左手向下、向左側後方外旋擺起；右手隨之外旋前伸；雙手掌心向上；頭向左轉，目隨左手（圖 3-74、圖 3-74 側）。

| 圖 3-74 | 圖 3-74 側 |

2.左掌屈收

上體右轉；左手屈臂內收，掌心斜向內；頭向右轉，目視前方（圖3-75）。

3.左推右收

身體右轉；左掌向前推出；同時，右掌屈臂後收至腹前，掌心向上；目視左掌（圖3-76）。

右側推掌動作同左側動作，惟所用的肢體動作相反。右擺掌（圖3-77、圖3-77側）；右掌屈收（圖3-78）；右推左收（圖3-79）。

如此反覆慢速連貫地練習。如果不練習了，就可以將右手下落，同時左手內旋前伸，還原成「太極椿」（圖3-80），然後接著收勢，動作同前。

圖 3-75

圖 3-76

圖 3-77

圖 3-77 側

圖 3–78

圖 3–79

圖 3–80

【本動要點】：

1. 轉身擺掌時要以腰帶臂，手臂向斜後方 45°的方位繞擺；眼隨手動。

2. 推掌和收掌要同時進行；兩掌推收時均要沉肘、塌腕，手掌自然舒展。

【主要健身作用】：

本動是在下肢屈蹲保持張力的前提下，進行以腰帶臂的舒展的上肢動作；這種練習可使髖關節和腰椎、胸椎、頸椎得到柔緩連續的同時轉動，對脊柱起到被動活轉的作用。

【太極拳要領講解】：

1. 初學者練習本動可以明顯體會到太極拳「以腰為軸」的規律性要點。

2. 練太極拳的每個手法時，雙手都要同時參與。其運動方式有雙手同時同方向、雙手同時反方向、雙手依次同時同方向、雙手依次同時反方向等多種。兩掌同時進行前後相反方向的運動，是太極拳中經常出現的規律性技術。練習本動可以使初學者儘快對此有所了解和掌握。初學者在練習過程中對此要著重加以體會。練習本動還可促進對沉肩、墜肘的掌握和手眼的協調配合。

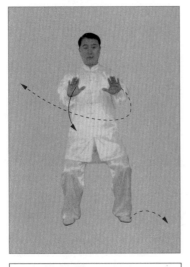

圖 3-81

圖 3-82

【參考練習次數】：

左、右推掌為1次，每組6～8次。可練2～3組。

第八勢　單雙分掌

預備勢和起勢同前；至「太極椿」（圖3-81）。

1.左單分掌

左腳向左開步；同時，右手叉腰；左掌外旋向右斜前方穿出，掌心向上；目視左掌（圖3-82）（稍快）。身體左轉，重心左移；同時，左掌內旋向左平拉，掌心向前，掌指向右；目隨左掌（圖3-83）（輕

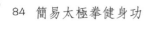

圖 3-83

圖 3-84

慢）。身體重心下沉成左偏馬步；同時，左肘下沉，左掌立起，掌指向上；目視左掌（圖 3-84）（慢沉）。

2.右雙分掌

身體左轉；同時，左手外旋；右手隨之外旋向上，與左手交叉相抱，左手在外；目視右掌（圖 3-85）（稍快）。身體右

圖 3-85

圖 3-86

圖 3-87

轉，重心右移；同時，雙掌隨轉體內旋平分，雙掌心斜向前，掌指相對；目隨右掌（圖3-86）（輕慢）。身體重心下沉成右偏馬步；同時，雙肘下沉，雙掌立起，掌指向上；目視右掌（圖3-87）（慢沉）。

3.收掌還樁

身體略向左轉，左腳隨之內收成平行步；同時，雙掌內收下落至腹前，掌心向下；目視前方還原成「太極樁」（圖3-88）。

右側分掌動作同左側動作，惟所用的肢體動作相反。右單分掌（圖3-89、圖3-90、圖3-91）；左雙分掌（圖3-92、圖3-93、圖3-94）；收掌還樁（圖3-95）。

圖 3-88

圖 3-89

圖 3-90

圖 3-91

圖 3-92　　　　　　　圖 3-93

圖 3-94　　　　　　　圖 3-95

如此反覆慢速連貫地練習。如果不練習了，就可以從「太極樁」的姿勢接著收勢，動作同前。

【本動要點】：

1. 髖部要向前收，使臀部收斂；左右移動身體重心時髖部要鬆活、平穩。

2. 襠部要在左右移動中鬆活下沉，呈下弧線移動；上體要正直地隨之放鬆擰轉；頭部要有意識地上頂。

3. 分掌動作要鬆肩活肘，隨身體動作而行。

【主要健身作用】：

1. 腰髖左右平移可以增強腿的支撐力量，使大腿內側肌群和盆底肌肉得到主動的鍛鍊。

2. 臀部收斂、襠部下沉與頭部上頂，可以減少或消除脊柱的頸彎和腰彎。使脊柱處於被拔直的狀態。在此狀態下擰轉軀幹並橫向伸展和運轉手臂，可使上肢所有關節、肌肉得到活動。使頸、肩、背部的肌肉得到充分的放鬆。本動對於久坐學習、工作而產生的肩頸酸痛，久站或上肢單一重複動作所造成的肩背酸痛有極好的體療緩解作用，是腦力、體力勞動者應經常練習的動作。

另外，此動還可坐在椅子上練習，不影響和中斷工作或學習，就可緩解和消除肩、背、頸的肌肉酸痛。

3. 本勢的運動路線複雜，有益於初學者對不同空間體位的感受，提高完成身體動作和下意識地自我保護動

作的準確性。

【太極拳技法講解】：

1. 本勢的單、雙分掌動作是陳式太極拳中的典型技法。分掌時旋臂轉腕的上肢動作是練習的重點。

2. 太極拳對身體姿態有很多具體的要求。如「頭頂懸」「沉肩」「含胸」「拔背」「鬆腰」「立脊」「斂臀」「實腹」「圓襠」「鬆胯」等。每個要求都不是孤立的，而是相互關聯的。一個要求做對了，另外幾個也就不同程度地表現出來了。因為人是一個整體，一個部位的姿態必然影響其他部位。練本動可以使初學者較快地體會到這些要領。初學者重點要注意「沉肩」「立脊」「斂臀」的要求；有基礎者可以對上述要領逐個加以體會。

3. 不同流派的太極拳，表現的節奏是不一樣的。楊式、吳式、武式、孫式太極拳一般都是柔和的動作，因此是連續緩慢均勻的速度，節奏感不明顯。陳式太極拳剛柔相濟，因此它的速度快慢相間，有明顯的節奏感。本勢動作的速度是有變化的。不是均勻慢速的動作。請學練者加以重視。可以參考前面動作過程中的節奏提示。

【參考練習次數】：

左、右單雙分掌為 1 次，每組 4～8 次。可練 2～3

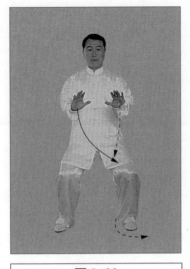

圖 3-96　　　　　　　　圖 3-97

組。

第九勢　俯仰開合

預備勢和起勢同前；至「太極樁」（圖 3-96）。

1.俯身下勢

左腳向左前方上一步，腳跟著地；同時，雙手內收重疊於左髖處，左手在上；目視雙手（圖 3-97）。上體前俯；雙手輕擦腿的正面至腳踝處；目隨左手（圖3-98）。右腿蹬直；左腿彎曲；雙手推按腳背；身體重心移至左腳（圖 3-99）。

圖 3-98

圖 3-99

2.弓步架掌

上體抬起，雙手隨之前伸並分架於頭前；目視前方
（圖 3-100）。

3.併步上托

左腿伸直，右腿隨之向前併步；同時，雙掌向上托
舉；頭向後仰；目視左手（圖 3-101）。

4.撤步分掌

右腳向右後方撤步；同時，雙掌向兩側（右掌向右
斜前方；左掌向左斜後方）放鬆下落；目隨右掌（圖
3-102）。

圖 3-100

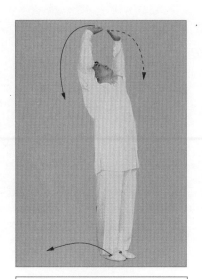

圖 3-101

圖 3-102

圖 3-103　　　　　　　　圖 3-104

5. 扣步抱掌

身體重心右移，左腿隨之蹬伸，左腳尖內扣；同時，雙掌經下向上收抱至胸前交叉，左手在外；目隨左掌（圖 3-103）。

6. 撤步還椿

身體向左轉，左腳隨之後撤成平行步；同時，雙掌內旋向下落至腹前，掌心向下；目視前方成「太極椿」（圖 3-104）。

右側俯仰開合同左側動作，惟所用的肢體動作相反。俯身下勢（圖 3-105、圖 3-106、圖 3-107）；弓步架掌（圖 3-108）；併步上托（圖 3-109）；撤步分掌

圖 3-105

圖 3-106

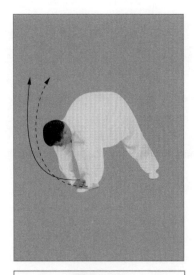

圖 3-107

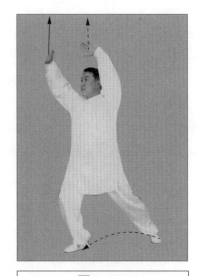

圖 3-108

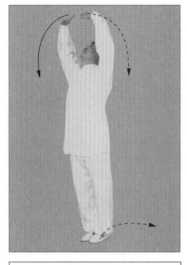

圖 3-109

圖 3-110

（圖 3-110）；扣步抱掌（圖 3-111）；撤步還椿（圖 3-112）。

　　如此反覆慢速連貫地練習。練習數次之後，就可以接著收勢，動作同前。

　　【本動要點】：

　　1. 俯身下勢時，伸出的腿要盡量勾腳尖，使腳跟後側著地。身體前俯時要塌腰。

　　2. 弓步架掌時後腿膝關節要挺直；上體要直立。

　　3. 併步上托時兩上臂要向內夾，頭要盡量向後仰。可略挺腹。

圖 3-111

圖 3-112

4. 撤步分掌要舒展輕靈。扣步抱掌和撤步還椿要連貫平穩。

【主要健身作用】：

1. 長時間處於坐姿工作的人，臀部肌肉和大腿的後部肌群是長時間受壓迫的部位，容易導致下肢血液循環受阻。練習本動，可使身體的背部肌肉和關節得到充分主動的抻拉和收縮，從而使這些部位得到充分的運動，使血液循環恢復正常。對久坐少動的工作者，練此勢效果最好。

2. 雙掌上托時頭向後仰，使肩、背肌肉得到放鬆，

充分放鬆頸部和背部的肌肉。

3. 托掌吸氣時，使內臟上提；分掌呼氣時，使內臟隨之自然下沉。在抻拉和伸展身體的同時，使內臟得到運動；由內及外地使全身得到舒展和調整。

【太極拳技法講解】：

1. 本動俯仰開合的原型是李式太極拳的特有動作。

2. 原地的前俯壓腿是武術基本功中的典型練習，目的是拉開大腿後群肌肉、臀大肌和腰部肌肉。本動具有拉開大腿後群肌肉和臀大肌的作用。

練習此勢，可以提高腿的柔韌性，對練習太極拳的腿法、提高腿的柔韌性有直接的作用。此動也可作為提高柔韌性的專門練習。

3. 可儘快掌握太極拳「氣沉丹田（小腹鬆沉）」的腹部動作要領。

【參考練習次數】：

左、右俯仰開合為 1 次，每組 6～8 次。可練 2～3 組。

第十勢 托掌前穿

預備勢和起勢同前；至「太極椿」（圖 3-113）。

1. 獨立托掌

身體重心右移；左腿屈膝提起成獨立步；同時，左臂外旋，左掌向左斜前方劃弧翻轉上托，掌心向上；右

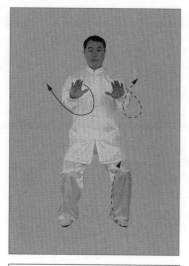

圖 3-113

圖 3-114

掌隨之向下、向右上畫弧橫撐於體右側，掌心向外；目
視左掌（圖3-114）。

2. 弓步前穿

　　右腿屈蹲；左腳向左斜前方上步，腳跟著地；同
時，雙手略內收；目視前方（圖3-115）；右腿蹬伸，
左腿屈蹲成弓步；同時，左掌前穿；右掌外撐；目視左
掌（圖3-116）；身體重心後移；右腿屈蹲；同時，雙
手略內收；目視前方（圖3-117）；右腿蹬伸，左腿屈
蹲成弓步；同時，左掌前穿；右掌外撐；目視左掌（圖
3-118）。

圖 3-115

圖 3-116

圖 3-117

圖 3-118

圖 3-119

圖 3-120

3.撤步還樁

身體右轉，重心右移；左腿隨之蹬伸，左腳尖內扣；雙掌向內合收；掌心向下，目視前方（圖 3-119）；身體向左轉，左腳隨之後撤成平行步；同時，雙掌內旋向下落至腹前，掌心向下；目視前方還原成「太極樁」（圖 3-120）。

右側托穿動作同左側動作，惟所用的肢體動作相反。獨立托掌（圖 3-121）；弓步前穿（圖 3-122、圖 3-123、圖 3-124、圖 3-125）；撤步還樁（圖 3-126、圖 3-127）。

如此反覆慢速連貫地練習。如果不練習了，就可以接著收勢，動作同前。

圖 3-121

圖 3-122

圖 3-123

圖 3-124

圖 3-125

圖 3-126

圖 3-127

【本動要點】：

1.托掌時的獨立步要盡量向上提膝，支撐腿要放鬆站穩。

2.身體重心前移時要沉髖，前腿膝關節不要超過腳尖。

3.身體重心後移時要收髖斂臀，上體不能前俯，移動幅度要儘可能大；前腳尖要隨著身體重心的後移逐漸抬起。

【主要健身作用】：

1.提高大腿肌肉和骨盆肌肉的力量。

2.活動髖、膝、踝關節。

3.使盆底肌肉得到主動有效的鍛鍊。

4.提高身體的平衡能力。

【太極拳技法講解】：

1.獨立步是太極拳的步型之一。獨立步配以舒展的手法是非常優美的身體姿態。

初學者學練獨立步時身體要鬆穩；支撐腿要注意放鬆；另一腿的大腿要高提，盡量超過髖關節。本勢的提膝要注意隨著托掌盡量高提。

2.本勢穿掌動作的原型是陳式太極拳中的野馬分鬃，四十二式太極拳競賽套路也把這個動作選為其中的

第十八勢。這個動作的重點是在弓步和半馬步之間前後移動身體重心（本動前後移動兩次）。襠部在前後移動中要鬆活下沉，呈下弧線移動；上體要保持正直；頭部要有意識地上頂。

本動所練習的是兩腳原地不動，兩腿協調配合前後移動的能力。太極拳稱之為「襠勁」。初學者和有太極拳基礎者對此都要重點體悟。對於進一步學習太極拳，掌握其中與之近似的難度動作有重要的作用。

3. 本動穿掌的手臂動作要小，前掌向前穿時，後掌要側向推撐；這樣可以體會到背部橫向押拔（「拔背」）的感覺。「拔背」配合「沉肩」「頭頂懸」，可以使上肢動作舒展，更好地表現手法內含的勁力。

【參考練習次數】：

左、右托掌前穿為 1 次；每組 6～8 次。可練 2～3 組。

第十一勢　提膝推掌

預備勢和起勢同前；至「太極樁」（圖3-128）。

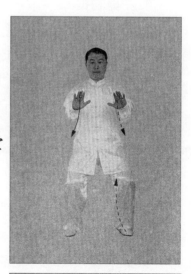

圖3-128

圖 3-129

圖 3-130

1.左提右推

右腿站起；左腿屈膝上提；同時，雙手向兩側採按；目視前方（圖 3-129）；身體向右轉；左腳向左斜後方撤步；同時，雙掌經腹前向右斜前方推出；目視前方（圖 3-130）；左腳向前上一小步，成平行步；同時，雙掌落至腹前還原成「太極樁」；目視前方（圖 3-131）。

2.右提左推

同左提右推動作，惟所用的肢體動作相反（圖 3-132、圖 3-133、圖 3-134）。

如此反覆慢速連貫地練習。如果不練習了，就可以接著收勢，動作同前。

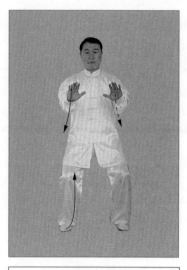

圖 3-131

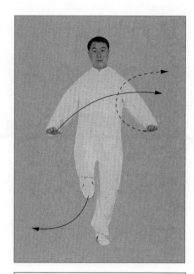

圖 3-132

圖 3-133

圖 3-134

【本動要點】：

1. 提膝要盡量高；雙掌下按要沉肩、頂頭；上提、下按要同時進行。

2. 推掌時支撐腿要平穩，退步的腿要輕靈緩慢；上體不要前俯。

【主要健身作用】：

1. 提膝可以抻拉臀大肌；退步可使腰肌和大腿後群肌肉主動收縮。本勢對於久坐者有很好的鍛鍊作用。可使久坐受壓的部位消除阻礙，改善身體的血液循環，緩解全身疲勞。

2. 雙掌下按的同時頭部上頂，可以抻拔頸椎關節和頸部的肌肉。

3. 主動慢速退步，可以提高對下肢的控制能力和身體的平衡能力。

【太極拳要領講解】：

1. 退步是太極拳的步法之一。太極拳的退步要求支撐腿屈膝下蹲，平穩保持身體重心；退步的腿要鬆穩輕靈地後撤。

2. 練習本勢可以明顯體會到呼吸與動作的配合。便於體會隨著身體重心下降的同時鬆沉腹部。初學者在提膝按掌的吸氣時，可以有意識地隨著動作吸氣收腹；在

圖 3-135

下蹲收掌、退步推掌時可以有意識地隨意動作呼氣鬆沉小腹，並保持小腹鬆沉狀態。

【參考練習次數】：

左、右提膝推掌為 1 次；每組 6～8 次。可練 2～3組。

第十二勢　望月蹬腳

預備勢和起勢同前；至「太極椿」（圖 3-135）。

1.雙抱望月

身體重心右移；上體微前俯；左腿向身體右側屈收

| 圖 3-136 | 圖 3-137 |

抬起；同時，雙掌外旋收抱於腹前，掌心向上；頭向右轉，目視右側方（圖 3-136）。

2.撤步雙推

上體右轉；左腳下落至右腳內側（腳掌也可不著地）；同時，雙掌在腹前內旋，掌心向下；目視右側方（圖 3-137）。左腳向左斜後方撤步成弓步；同時，雙掌向右前方推出；目視右側方（圖 3-138）。

3.提膝抱掌

雙掌在胸前外旋相抱，左掌在外；同時，左腳前收至右腳內側（圖 3-139）；腳掌也可不著地或直接提起（圖 3-140）；目視左掌。

圖 3–138

圖 3–139

圖 3–140

| 圖 3-141 | 圖 3-142 |

4.分掌蹬腳

雙掌向兩側內旋分開；同時，左腿向左斜前方勾腳尖蹬出；頭向左轉，目視左掌（圖 3-141）。

5.落掌還樁

身體微左轉，左腿隨之屈收下落，腳尖向前成平行步；同時，雙掌內收下按至腹前，掌心向下；目視前方還原成「太極樁」（圖 3-142）。

右側動作同左側動作，惟所用的肢體動作相反。雙抱望月（圖 3-143）；撤步雙推（圖 3-144、圖 3-145）；提膝抱掌（圖 3-146、圖 3-147）；分掌蹬腳（圖 3-148）；落掌還樁（圖 3-149）。

如此反覆慢速連貫地練習。如果不練習了，就可以

圖 3-143

圖 3-144

圖 3-145

圖 3-146

圖 3-147

圖 3-148

圖 3-149

114　簡易太極拳健身功

接著收勢，動作同前。

【本動要點】：

1. 後舉腿時，大腿要上抬；支撐腿要屈膝；上體可微向前俯。

2. 撤步推掌時，雙掌要先內旋再前推；支撐腿要保持彎曲度和平穩。

3. 蹬腳時，支撐腿要放鬆站穩；另一腿要先提膝，然後再勾腳尖蹬出；分掌時，前掌與蹬出的腿要上下相對。

【主要健身作用】：

1. 後舉腿和撤步可提高腰部、臀部、大腿後群肌肉的力量；蹬腿可提高髖部和大腿前群肌肉的力量；腿蹬直時的勾腳尖可使小腿後群肌肉得到抻拉，使大腿前群肌肉充分收縮。

2. 經常練習本勢可有效鍛鍊和增強身體的平衡能力。

3. 本勢是一腿連續完成三種不同動作的下肢技法，有一定的運動量。可以使下肢得到充分活動；有效增強腰髖周圍、骨盆底和大腿周圍的肌肉力量。經常練習，可防止中老年婦女骨盆底肌肉的鬆弛和預防因此而產生的疾患。

【太極拳技法講解】：

1. 後舉腿是太極劍、太極槍中的擰身平衡動作（傳統名為「望月平衡」）。此動作優美且有一定的難度。完成這個動作時，支撐腿要自然直立；另一腿在身後抬起，腳面展平，腳底斜朝上；上體微前傾，向支撐腿同側擰轉。

2. 蹬腳是太極拳的主要腿法之一。各勢太極拳中都有蹬腳這種腿法。蹬腳的動作規格是支撐腿微屈，另一腿屈膝提起，腳尖上翹，以腳跟為力點蹬出，腿自然伸直，腳不得低於腰部。

【參考練習次數】：

左、右望月蹬腳為 1 次；每組 3～8 次。可練 2～3 組。

第十三勢　分掌蹬腳（坐練）

本勢是為身體活動不便的老年人創編的。身體健康者也可以練習，但以站著練為好。

1.預備勢

穩坐在椅子的前端。上體直立；雙手放鬆扶在大腿的前端；目視前方（圖 3-150）。

2.分掌左蹬

提膝抱掌；雙掌外旋上提，在胸前相抱，左掌在

圖 3-150

圖 3-151

外；同時，左腿向上提起；目視前方（圖3-151）。雙掌向兩側內旋平分；同時，左腿向正前方勾腳尖蹬出；目視前方（圖3-152）。

3. 分掌右蹬

雙掌外旋內收，在胸前相抱，右掌在外；同時，左腿屈收下落，隨即右腿提起；目視前方（圖

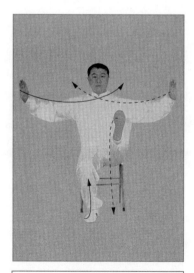

圖 3-152

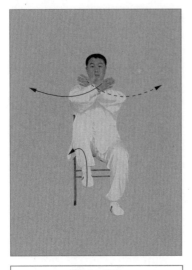

圖 3-153

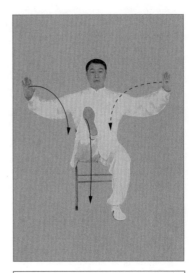

圖 3-154

3-153）。雙掌向兩側內
旋平分；同時，右腿向正
前方勾腳步蹬出；目視前
方（圖3-154）。

如此反覆慢速連貫地
練習。練習數次之後，就
可以將左腿屈收下落，同
時雙手向內收落，放鬆扶
在大腿的前端，還原成預
備勢（圖3-155）。

圖 3-155

【本動要點】：

上體要保持正直，不能後仰；雙手要邊內旋邊向前側方平分；蹬腳要勾腳尖並盡量高抬。

【主要健身作用】：

增強腿部力量，提高身體的協調性以及對身體的控制能力和平衡能力。這些能力對活動不便的老年人尤為重要。老年人在練習之後要靜坐片刻，再起身做其他事情。起身後最好能散散步，然後練點兒其他內容。

【太極拳技法講解】：

本勢是楊式太極拳中的典型動作。是雙掌向身體兩側分開的同時向正前方蹬腳。

【參考練習次數】：

左、右分掌蹬腳為 1 次；每組 5～8 次。可練 2～3 組。

第十四勢　轉腰擺掌（坐練）

本勢是為身體活動不便的老年人創編的。身體健康者也可以練習，但以站著練為好。

1.預備勢

穩坐在椅子的前端。上體直立；雙手放鬆扶在大腿

圖 3-156

圖 3-157

的前端；目視前方（圖 3-156）。

2.左轉腰擺掌

雙掌外旋向上內收，掌心向後；目視前方（圖 3-157）；右手內旋上架；左手內旋下按；目視右掌（圖 3-158）；上體前俯；同時，左掌下按；右掌向前撐推；目視左掌（圖 3-159）；上體左轉，並帶動兩臂繞擺至身體左側；目隨左掌（圖 3-160）；上體立起，並帶動兩臂繞擺至頭上，頭略後仰，目視右掌（圖 3-161）；雙臂屈肘鬆落至胸前，掌心向內；目視前方（圖 3-162）。

圖 3-158

圖 3-159

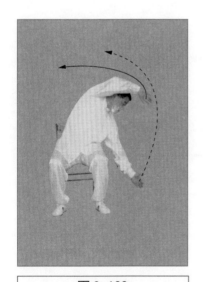

圖 3-160

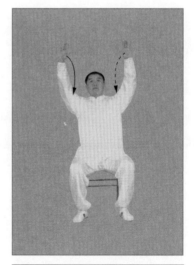

圖 3-161

圖 3-162

圖 3-163

3.右轉腰擺掌同左轉腰擺掌，惟所用的肢體動作相反（圖 3-163、圖 3-164、圖 3-165、圖 3-166、圖 3-167）。

如此反覆慢速連貫地練習。練習數次之後，就可以雙手向下收落，放鬆扶在大腿的前端，還原成預備勢（圖 3-168）。

圖 3-164

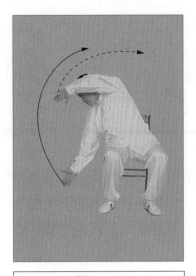

圖 3-165

圖 3-166

圖 3-167

圖 3-168

【本動要點】：

上掌要盡量上托；上體要盡量前俯；下手要盡量沿著腿擺轉。

【主要健身作用】：

重點活動腰、腹部和肩、肘關節；使內臟受到擠壓和擺動；促進全身血液循環。這些作用對活動不便的老年人尤為重要。經常練習可以使身體產生舒暢感覺，提高消化功能，心情愉快。老年人在練習之後要靜坐片刻，再起身做其他事情。起身後最好能散散步，然後練點兒其他內容。

【太極拳技法講解】：

此勢的原型是吳式太極拳「提手上勢」和「白鶴亮翅」中的上肢和軀幹動作。

【參考練習次數】：

左、右轉腰擺掌為 1 次；每組 3～5 次。可練 2～3組。

第十五勢　太極樁功

「太極樁」可以匯總體會太極拳的基本要領，既是入門之法，也是提高功力的手段。此樁是武術中的重要

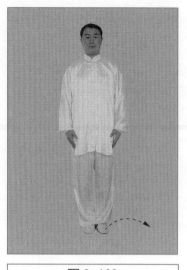

圖 3-169

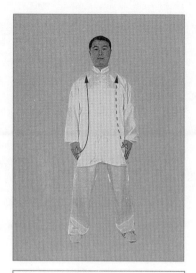

圖 3-170

功法。

1.預備勢

身體放鬆直立；精神集中；自然調整呼吸（圖 3-169）。

2.起勢

身體重心移至右腿；左腳跟至腳尖依次提起，向左側開步至與肩寬，然後腳尖至腳跟依次落地；身體重心移至兩腳之間（圖 3-170）；雙手腕上領，鬆肩，兩臂輕鬆上提；目視前方（圖 3-171）。

3.站樁

上體正直；兩腿向下屈蹲，臀部下坐；同時，兩臂

圖 3-171

圖 3-172

隨之沉肘，雙掌下按；目視前方。成「太極樁」的姿勢
並保持一定的時間（圖 3-172、圖 3-172 側）。

4.收勢

站樁一定的時間後，上體保持正直，兩腿站起；同
時，雙掌前伸（圖 3-173）；身體姿勢不變，雙掌下落
至體側（圖 3-174）；左腳跟至腳尖依次提起，向右腳
併攏，然後腳尖至腳跟依次落地併步；身體重心移至兩
腳之間（圖 3-175）。

【本動要點】：

1.上體正直並向後靠。

圖 3–172 側

圖 3–173

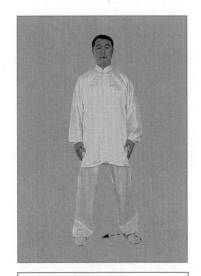

圖 3–174

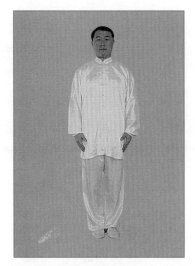

圖 3–175

2.屈髖，膝關節對準腳尖並微向外撐。

3.收下頜，沉肩，垂肘（兩臂微屈，肘尖對地）。

【主要健身作用】：

太極拳站樁適合各年齡階段的平時久坐和久站的工作者、學習者和勞動者。

主要作用有：

1.站樁能集中精神，調整呼吸，促進下肢毛細血管開放和改善下肢的血液循環，有效增強大腿肌肉力量。具有調節身體內環境的作用。因此，在身體機能下降（亞健康狀態）時練習，可以起到給身體「充電」的作用。

2.可以預防和治療臏骨軟化；對膝關節酸痛、膝關節的傷後恢復以及陳舊性損傷有治療和促進恢復的作用。腿力差者可靠牆或手扶椅背進行練習。

3.因站樁幾乎沒有身體動作的變化，從增強腿力的角度，久坐者工作疲憊時可一邊工作一邊練習，不會中斷工作和影響其他人。坐姿時腳稍向後移，將臀部提起大腿持續用力。練一會兒再坐下。

【太極拳技法講解】：

1.太極拳中對身體姿態的所有要求在太極樁的姿勢中可以說都有體現。因此，此樁對有基礎的練習者是增加功力的好方法；初學者可用太極樁來入門，在站樁時

可以逐個體會太極拳的規律性要求。

2. 在靜止姿勢中有利於形成太極拳的身型體態以及便於逐個體會和掌握太極拳的基本動作要領，儘快形成太極拳所需的基本身體姿態。

3. 對於初學太極拳者，練習「太極樁」可以增強練太極拳需要的大腿肌肉的靜力性力量，改善全身肌肉的協調用力程度。

【參考練習時間和次數】：

太極拳站樁簡單易行，隨時可以練習。早晨、工作的間歇時間、晚上看電視時都可以練習。初期練習可從站 1 分鐘開始，可站 2～3 次；以後逐漸延長站樁的時間至 3～5 分鐘。

如果每天只練站樁，初期從 1 分鐘開始，以後每次增加時間，逐漸增至 10～15 分鐘。

站樁後一定要散散步，然後再休息。

第四節　簡易太極拳單勢健身功的配方範例

根據個人的具體情況，在以上內容中有針對性地選擇某個或數個單勢來解決自己的問題，就是健身功的配方。下面為您提供幾個配方範例，供您選擇和參考。

一、大眾保健配方（適合不同性別、各年齡階段的人）

每日必練內容：

1.「垂直蹲起」2組。

2.「俯仰開合」2組。

3.「拍打雙腿」2組。

每日選練內容：

1.「望月蹬腳」1～2組。

2.「左右雲手」1～2組。

腦力勞動者、緊張學習的學生和從事單一動作的體力勞動者，經常會出現膝、腰、肩、頸等部位的疲勞酸痛，常此以往，不僅痛苦，還易產生勞損和其他病變。本配方的特點是在全身運動的基礎上，重點活動膝、腰、肩、頸這些部位，能儘快收到緩解疲勞的效果。同時還有多種體療和健身的功能。各年齡階段的人都可以學練。練習一段時間後，還可以根據個人的具體情況進行增減。

本配方有廣範的適應性。堅持練習，可以增強腿部力量；促進全身血液循環；消除健康退化狀態；保持身體各系統機能的正常水準，提高免疫力；緩解肩、腰和膝等部位的不適。

二、青少年調節配方

每日必練內容：

1.「直立蹲起」2組。
2.「上穿下按」1組。
3.「單雙分掌」2組。
4.「拍打雙腿」1～2組。

每日選練內容：

1.「獨立推掌」2組。
2.「穿梭摟推」2組。

青少年就像早晨初升的太陽，有著蓬勃旺盛和美好的今天，更有美好前景的明天。世界發展的大趨勢和國家進一步的繁榮昌盛，需要你們承受身心疲憊而努力學習、拼命積累。

上面的配方就是根據你們過度久坐學習而使軀幹捲曲的情況，緩解因此而產生的身心疲勞和肩頸酸痛，方便隨時隨地練習而編排的舒展身體配方。

喜歡有力和快節奏的運動是年輕人的天性，但用舒緩的、放鬆和剛柔相濟的方式調節一下你的身心節奏也是愉快的事情。學習累了，用簡易太極拳健身功調劑一下，你會體驗到「舒暢」二字的內涵。放一段輕柔的音樂，練習三五分鐘，「磨刀不誤砍柴功」。練習慣了，此功就會成為你每天離不開的終身體育鍛鍊方式。

三、男士強身配方

每日必練內容：

1.「直立蹲起」2 組。

2.「左右推掌」2 組。

3.「提膝推掌」2 組。

4.「拍打雙腿」1～2 組。

每日選練內容：

1.「太極樁功」3～5 分鐘。

2.「弓步托按」2 組。

中醫講究「腎為身之本，腿為腎之柱」。以上是專為中年男士提供的強健腰腿、延緩身體機能下降的強身處方。人的中年期，通常是指 35～60 歲這一年齡階段。此階段的中年男士，人生閱歷豐富，事業有成，正值人生的成熟、發展和輝煌的大好時期；同時也是承擔事業和家庭重負的身體超載時期；另外，在這一時期，一般男士的身體機能水準都從 35 歲開始滑坡下降，45 歲明顯下降，55 歲已經開始衰退了。如果不注意鍛鍊和保養，滑坡的趨勢和下降的速度還要快。

隨著身體機能的下降和衰退，身體不適和疾病也將隨之而來。由此還可能導致事業的滑坡和家庭的不愉快，以及人生的諸多不如意。因此，為了您的事業和家庭，再忙再累也要「忙裏偷閒」，抽出時間來保養和鍛鍊身體，延緩身體機能的滑坡趨勢和衰退的速度。

四、女士保養配方

每日必練內容：

1.「折疊蹲起」1～2組。

2.「提膝推掌」2組。

3.「望月蹬腳」2組。

4.「拍打雙腿」1～2組。

每日選練內容：

1.「左右雲手」2組。

2.「托掌前穿」2組。

以上是專為中年女士制定的，以鍛鍊腰腹、骨盆底肌肉和調整身體內環境為主的養護配方。女士的中年期也是35～60歲這一年齡階段。此階段的中年女士正是承擔事業和家庭的雙負荷時期；在外要忙於事業或完成好工作，回家要照看孩子、關照丈夫、關心老人，有做不完的家務事。如果不注意鍛鍊和保養，一般女士的身體機能都比男士滑坡下降的速度要快，衰老得也快。隨之而來的身體不適和疾病也將助紂為虐（特別是有的女士因盆底肌肉鬆弛出現不經常性的小便失禁），由此引出人生的諸多不如意和不愉快。因此，您的健康和美麗絕不是您個人的事。

社會的穩定和您家庭成員的幸福都與此有關。在此，請千萬注意抽出時間來保持自己的健康和美麗。保持身體內在的健康，才能使自己有活力，產生真正的外

表美。

五、老年養生配方

1964 年我國第一屆老年學會與老年醫學會學術會議上，曾規定我國男女均以 60 歲以上為老年。聯合國關於人口老齡的標準是 65 歲以上為老年人。醫學上談衰老的表現，一般指婦女 60 歲以上、男子 65 歲以上。還有一些分類法認為 80 歲之後才進入老年期，但此種分類沒有太多的生理依據，僅有鼓勵老人精神和信心的作用。

據我對老年人群體太極拳教學中的觀察和社會走訪，發現老年人的運動能力與老年人的生活質量關係最為密切。一般的老年人從退休到走完人生之路，大致分為三個階段：

其一是運動能力較好階段（60 歲至 73 歲左右）。此階段的老年人運動能力尚未衰退，可以做自己想做的事，去想去的地方；因能活動而心情較好，飲食有味；雖有病痛，但無礙大局。可以說此階段是老年人享受生活的階段；

其二是運動能力衰退階段（73 歲至 84 歲左右）。此階段的老年人因身體機能衰退和疾病的出現及加重，運動能力衰退明顯，活動範圍明顯減少。由此帶來的不良心情會經常引發生活中的不愉快。可以說此階段是老年人承受痛苦，但還有一定活動能力的階段。

其三是運動能力逐漸消失階段。此階段的老年人因病情加重直至病身臥床，運動能力和活動範圍逐漸減少至消失。可以說此階段是老年人忍受痛苦的最終階段，幾乎沒有生活質量可談。

老年人的第三個階段是每個人都要經歷、誰也避免不了的。但是，透過保持第一階段運動能力的水準，延緩第二階段運動能力的衰退，可以維護和延長老年人有質量的生活的時間。當然，身體鍛鍊只是老年人能擁有較好生活質量諸多方面中的一個因素，太極拳更是其中之一。但是，有生活質量的晚年，有賴於老年人身體的運動能力；解決老年人的運動能力問題只能靠老年人的主動鍛鍊，而鍛鍊的較好項目就是太極拳。因為太極拳最符合老年人的身心實際情況。

下面給老年朋友們提供兩個保持身體運動能力的養生處方。

養生處方之一

每日必練內容：
1.「折疊蹲起」2 組。
2.「直立蹲起」2～3 組。
3.「拍打雙腿」2 組。
每日選練內容：
1.「上穿下按」2 組。
2.「左右雲手」2 組。

養生處方之二

本處方適合活動不太方便的老年朋友。

每日必練內容：

1.「折疊蹲起」2組。

2.「前推後收」2組。

3.「分掌蹬腳」（坐練）2組。

4.「拍打雙腿」1～2組。

每日選練內容：

1.「原地活步」1～2組。

2.「轉腰擺掌」1組。

上述各配方均可配以自己喜愛的音樂進行練習。

下面章節中的「簡易柔勁太極拳」和「簡易勁力太極拳」，每天練習2～3遍，更是使適應性增強的養生配方。

第四章

簡易太極拳健身功套路

第一節　簡易柔勁太極拳

原地每側六式，左右對稱。

創編本套路的目的：

把太極拳的基本手法動作進一步規格化、連貫化；提高原地主要步型的規格和身體重心的移動幅度，以及腿的靜力性支撐能力；讓您儘快掌握太極拳的動作形態，儘快體驗到太極拳柔和、圓活、連貫、上下協調舒展、用意不用力的運動特點。

動作過程和要點：

預備勢和起勢同前（圖4-1-1、圖4-1-2、圖4-1-3、圖4-1-4）。

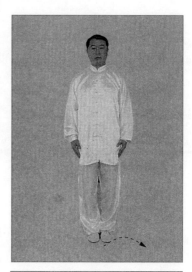

圖4-1-1

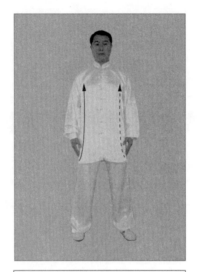

圖4-1-2

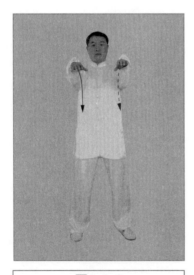

圖4-1-3

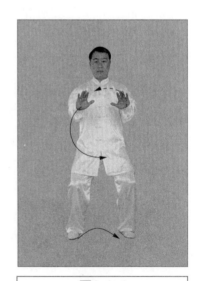

圖4-1-4

圖4-1-5

圖4-1-6

第一式　右攬雀尾

1.弓步掤臂

身體重心移至左腿；右腳內收，前腳掌著地成丁步；同時，左手向上、右手向下劃弧成托抱掌；目視左手（圖4-1-5）。右腳向右斜前方上步，腳跟著地（圖4-1-6）；右腿蹬伸，重心前移成弓步；同時，右臂向前掤出，高與肩平，手心向內，指尖向左；左手向下落於左胯旁，手心向下，指尖向前；兩臂微屈；目視右前臂（圖4-1-7）。

【要點】：

右臂要與地面平行。

圖4-1-7

圖4-1-8

2.轉身後捋

　　上體右轉；同時，右手
內旋上擺，掌心向下；左掌
隨之外旋前伸至右肘下；目
視右掌（圖4-1-8）；上體
左轉，身體重心後移；兩掌
下捋，經腹前再向左後上方
劃弧，至左掌高與肩平，掌
心斜向前；右掌屈臂擺至左
胸前，掌心向內；目視左掌
（圖4-1-9）。

圖4-1-1

圖4-1-10	圖4-1-11

【要點】：

下捋時，右肘要微屈；雙手要經下向左側上方劃弧線擺轉。

3.弓步前擠

上體右轉；左掌屈臂卷收，掌指貼近右腕內側；右臂平屈胸前，掌心向內，指尖向左；目視前方（圖4-1-10）。重心前移，成右弓步；雙臂向前擠出，兩臂撐圓，左掌指附於右腕內側，高與肩平；目視右前臂（圖4-1-11）。

【要點】：

雙臂前擠要撐圓。

圖4-1-12

圖4-1-13

4.後按前推

身體重心不變；左掌經右掌上伸出，兩掌分開，與肩同寬，掌心均轉向下；目視前方（圖 4-1-12）。身體後坐，重心後移；兩臂屈肘，兩掌收至胸前（圖4-1-13）；重心繼續後移；右腳尖上翹；同時，兩掌下按至腹前，掌心向前下方；目向前平視（圖4-1-14）。

圖4-1-14

圖4-1-15

圖4-1-16

左腿蹬伸，重心前移成右弓步；同時，兩掌平行向上、向前按推，腕高與肩平，掌心向前，指尖向上，塌腕舒掌；目平視前方（圖4-1-15）。

【要點】：

雙掌要由前向後、向下劃弧按至腹前，然後再向前推出。

第二式　野馬分鬃

上體右轉；左掌外旋、右掌下落，雙掌同時向後收捋；目視左掌（圖4-1-16）；上體左轉；同時，左掌內旋、右掌外旋成托抱掌，目隨左掌（圖4-1-17）；

| 圖4-1-17 | 圖4-1-18 |

兩手前後分開，右掌向前斜分至體前，高與眼平，手心斜向上；左手隨之下按至左胯旁，手心向下，指尖向前；兩臂微屈；目視右掌（圖4-1-18）。

【要點】：

捯、抱、分的手法動作要隨轉腰而行；整個動作過程要圓活連貫。

第三式　後靠前打

身體右轉；同時，左掌向下外旋插至右腿外側，掌心向右，掌指向下；右臂屈肘收至左肩前，掌心向左，指尖向上；目視左掌（圖4-1-19）；右腿蹬伸，重心向後移；同時，上體左轉後靠；左掌經上向後揮擺；右

圖4-1-19　　　　　　　　　圖4-1-20

掌從左臂內側下按至右腿上方；目視右側方（圖4-1-20）。上體繼續左轉；同時，右手握拳內旋，後擺至小腹前，拳心向下，拳眼向內；左掌隨之下落至右前臂內側，掌心向下；頭向左轉，目視左前方右拳（圖4-1-21）；左腿蹬伸，重心前移，成右弓步；同時，上體右轉，右拳向上經面前翻轉向前撇打，拳心斜向上，

圖4-1-21

| 圖4-1-22 | 圖4-1-23 |

高與頭平；左掌附於右前臂內側；目視右拳（圖4-1-22）。

【要點】：

後靠時左臂要外旋；右拳要沿立圓路線撇打。

第四式　上托前穿

上體右轉；同時，右拳內旋變掌前伸；左掌隨之外旋至右肘下；目視右掌（圖4-1-23）；上體左轉；重心後移成半馬步；同時，右手外旋、左手內旋，雙手經下向上繞轉托起；目隨右掌（圖4-1-24）；左腿蹬伸，重心前移成右弓步；同時右手翻轉下按，左手經右手上方向前穿出，掌心向上；目隨左掌（圖4-1-

圖4-1-24

圖4-1-25

25）。

【要點】：

以腰帶轉托掌；穿掌時兩臂的擰轉要放鬆自然。

第五式　繞擺摟推

上體右轉；同時，右掌向下、向右外旋繞擺；左掌隨之內旋下落至右肘旁；目隨右掌（圖 4-1-26）；上體左轉；重心後移成半馬步；同時，左掌經下向左上

圖4-1-26

圖4-1-27

圖4-1-28

繞轉托起；右掌經面前下落至左肘旁；目隨左掌（圖4-1-27）；上體右轉，同時，右掌下摟至右大腿內側；左臂屈肘內收，掌心斜向前；頭向右轉，目視前方（圖4-1-28）；左腿蹬伸，上體右轉；重心前移成右弓步；同時，左掌由耳側向前立掌推出；右掌隨之外摟至右腿外側；目視前方（圖4-1-29）。

圖4-1-29

圖4-1-30　　　　　　　　圖4-1-31

【要點】：

兩掌的繞擺要在面前進行；推掌要舒掌塌腕。

第六式　抱掌還樁

　　身體左轉；重心左移；右腿隨之蹬伸，右腳尖內扣；同時，左掌外旋；右掌向上收抱至胸前與左掌交叉，右手在外；目隨右掌（圖4-1-30）。身體右轉，右腳隨之後撤成平行步；同時，雙掌內旋下落至腹前，掌心向下；目視前方還原成「太極樁」（圖4-1-31）。

【要點】：

扣腳和收腳的動作要平穩輕靈。

左側動作同右側動作，惟所用的肢體動作相反；這一側的動作請自己試著學練，不難！左攬雀尾：弓步掤臂（圖4-1-32、圖4-1-33、圖4-1-34）；轉身後捋（圖4-1-35、圖4-1-36）；弓步前擠（圖4-1-37、圖4-1-38）；後按前推（圖4-1-39、圖4-1-40、圖4-1-41、圖4-1-42）；野馬分鬃（圖4-1-43、圖4-1-44、圖4-1-45）；後靠前打（圖4-1-46、圖4-1-47、圖41-48、圖4-1-49）；上托前穿（圖4-1-50、圖4-1-51、圖4-1-52）；繞擺摟推（圖4-1-53、圖4-1-54、圖4-1-55、圖4-1-56）；抱掌還樁（圖4-1-57、圖4-1-58）。

| 圖4-1-32 | 圖4-1-33 |

圖4-1-34

圖4-1-35

圖4-1-36

圖4-1-37

圖4-1-38

圖4-1-39

圖4-1-40

圖4-1-41

圖4-1-42

圖4-1-43

圖4-1-44

圖4-1-45

圖4-1-46

圖4-1-47

圖4-1-48

圖4-1-49

圖4-1-50

圖4-1-51

圖4-1-52

圖4-1-53

圖4-1-54

圖4-1-55

圖4-1-56

圖4-1-57

圖4-1-58

至此，如果繼續練
習，就可以接著再依次練
習右側、左側的動作。如
果不練習了，就可以接著
收勢，收勢動作同前（圖
4-1-59、圖 4-1-60、圖
4-1-61）。

如感覺運動量不夠，
可再重新起勢進行練習或
再練習下面的發勁套路。

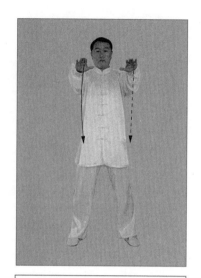

圖4-1-59

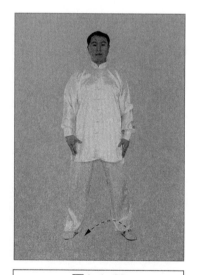

圖4-1-60

圖4-1-61

簡易柔勁太極拳的特點和練習要領

簡易柔勁太極拳是原地練習的短小套路,具有姿勢平穩、舒展連貫、用勁輕柔緩慢的特點。

練習時要儘快熟悉全套動作,儘快達到能比較連貫、圓活、放鬆地完成全套動作,使動作逐漸規範。同時還要注意放鬆身體,要使身體各關節處於自然彎曲的狀態;上肢動作要處處帶有弧形,使之沿弧形、圓形的路線運轉;全套動作始終要保持勻速運轉。

此外,還要注意上下肢動作的協調配合。雙腳著地的身體重心移動要平穩並有一定的幅度;一腿支撐身體重心時,另一腿要輕靈上步,以體現太極拳柔和輕靈的特點。最後,還要注意集中精神、摒棄雜念,在自然呼吸的前提下逐步體會呼吸與動作的配合。

第二節 簡易勁力太極拳

原地每側五式,左右對稱。

創編本套路的目的:

讓您在連貫圓活中體驗剛柔相濟,掌握節奏分明地表現攻防技擊的太極拳運動特點;學會手法和腿法動作的發勁;提高身體的靈活性和學練的興趣;增強對自身放鬆和緊張的控制能力。

預備勢和起勢同前(圖 4-2-1、圖 4-2-2、圖 4-2-3、圖 4-2-4)。

圖4-2-1

圖4-2-2

圖4-2-3

圖4-2-4

| 圖4-2-5 | 圖4-2-6 |

第一式　雙頂肘

　　身體重心移至左腿；右腿提起向右側鏟步，腳跟內側著地；同時，上體左轉；雙手外旋握拳舉至左肩前，兩拳交叉，右拳在外；目視右拳（圖4-2-5）；左腿蹬伸，重心向右平移至右腿，成右偏馬步；同時，上體向右擰轉，雙臂屈肘向兩側橫頂；目視右肘（圖4-2-6）。

　　【要點】：
　　身體重心要平移；雙臂要疊緊。

| 圖4-2-7 | 圖4-2-8 |

第二式　雙砸拳

左腿蹬伸，重心右移；同時，上體右轉，雙拳向下
交叉，拳心向內，左拳在外；目視左拳（圖4-2-7）；
右腿蹬伸，重心向左平移至左腿，成左偏馬步；同時，
上體向左擰轉，雙臂屈肘上提並向兩側翻砸，拳心向
上；目視左拳（圖4-2-8）。

【要點】：

兩拳翻砸要借擰腰之力。

圖4-2-9　　　　　　　　　　圖4-2-10

第三式　右提肘

上體向左擰轉；同時，雙拳變掌內旋相合，右掌向左下伸插；左掌內收至右肩前；目視右掌（圖4-2-9）；左腿蹬伸，重心右移；同時，上體右轉；右臂隨之向右後上方屈肘提頂；左手順勢抓握右腕；目隨右肘（圖4-2-10）。

【要點】：

雙掌內合要用暗勁，提頂肘要盡量屈臂。

| 圖4-2-11 | 圖4-2-12 |

第四式　右拍腳

上體向左擰轉；重心後移至左腿；右腿隨之後撤；同時，右拳變掌沉肘向上繞轉；左手變掌向下繞轉；目隨右掌（圖 4-2-11）；左腿蹬伸支撐，右腳向右前上方踢擺；同時，右掌擊拍右腳面；左掌隨之劃弧向上舉至頭部左側，掌心向外；目視右掌（圖 4-2-12）。

【要點】：

兩臂繞轉要協調，右掌擊拍腳背要快速、準確、響亮。

圖4-2-13

圖4-2-14

第五式　左蹬腳

　　右腿屈膝下落並支撐身體重心；左腿隨之腳跟提
起；同時，雙掌變拳向內交叉，左拳在外，拳心向內，
目視左前方（圖 4-2-13）；左腿屈膝上提並勾腳尖向
左斜前方蹬出；同時，兩臂分別向左、右上方展臂彈
打，拳與肩平；目視左拳（圖 4-2-14）。

　　【要點】：

　　蹬腳要先提膝再蹬；與兩拳彈打要同時進行。

　　至此，如果繼續練習，就可以將左腿屈收，接著向
左鏟步；同時，雙掌變拳內收，在右肩前交叉，左拳在

圖4-2-15

圖4-2-16

圖4-2-17

圖4-2-18

外；目視左拳。然後練習左側的雙頂肘以及其他動作。如果不練習了，就可以將左腿屈收下落；同時，雙拳變掌向內合收成「太極樁」（圖4-2-15），然後接著收勢。收勢動作同前（圖4-2-16、圖4-2-17、圖4-2-18）。

簡易勁力太極拳的特點和練習要領

簡易勁力太極拳是原地練習的短小套路。具有姿勢舒展、快慢相間、發勁剛快的特點。練習前要先做一下腿部的準備活動；進行練習時身體要放鬆；發勁要脆快，拍腳要響亮，蹬腳要有彈力；上下肢動作的配合要協調。以體現剛柔相濟、協調輕靈的特點。其他練習要領同「簡易柔勁太極拳」。

第五章

簡易太極拳健身功的規律性要領

　　所謂規律性要領，就是練習太極拳時身體應該保持的姿態，完成各種技法時應該達到的基本要求。有些要領在前面的太極拳技術內容中已有所介紹。現在我們來匯總一下太極拳的規律性要領。

　　請您結合自己的學練程度不斷加以體悟，這樣便於您學好前面的內容，更便於您今後提高水準。

一、太極拳對身體形態的要求

　　練習太極拳時，在自然舒鬆的前提下，身體的各個部位要注意保持這樣的姿態：

　　1.頭：頭正頸直，下頜微收，頭的頂部要自然上頂（傳統術語稱之為「頭頂懸」）。

　　2.肩：兩肩放平，要有意識地保持鬆沉（傳統術語稱之為「沉肩」）。

　　3.肘：手臂自然下垂，肘尖向下，肘部微屈（傳統術語稱之為「墜肘」）。

　　4.胸：胸部微內含，自然舒鬆（傳統術語稱之為

「含胸」）。

5.**背**：兩肩胛骨向兩側自然放鬆地舒展（傳統術語稱之為「拔背」）。

6.**腰脊**：腰部要放鬆，脊柱要正直，以便於上體運轉靈活，起到「軸」的作用（傳統術語稱之為「鬆腰立脊」）。

7.**臀**：臀部要下垂收斂，不可後凸，以使脊柱的腰段拉直（傳統術語稱之為「斂臀」）。

8.**胯**：胯根要自然撐開，不可左右歪斜（傳統術語稱之為「圓襠」）。

9.**膝**：兩膝的屈伸要柔和自然，膝關節與腳尖同向。

10.**腳**：腳踝關節要放鬆；腳掌和腳趾要鬆展自然；發勁時則反之。

對初學者來講，這麼多的要領一下子是學不會的。可在站樁和練習單勢時逐個加以體會和掌握。

二、練習太極拳時的動態要求

1.練習太極拳時要注意保持肢體的彎曲度和始終注意手法沿弧形、圓形的路線運轉。太極拳要求人體各關節處於自然彎曲狀態，特別是上肢要保持一定的彎曲度，使手臂呈弧形。同時，手法動作的運動路線要沿弧線運轉，要處處帶有弧形，不能直來直往。這樣可以展現太極拳「自然圓活」的特點。

2. 練習太極拳時，前一動作結束即為後一動作開始，要始終注意保持連貫勻速。太極拳的全套動作在練習時前後貫穿，速度均勻，沒有明顯停頓之處。表現剛柔時，剛柔之間也是自然連貫銜接的。這樣可以展現太極拳「連貫均勻」的特點。

3. 練習太極拳時要注意上下肢動作的同時協調運轉，以及一腿支撐身體重心、別一腿輕靈上步的位移方式。不論是太極拳套路還是單個動作，均要求身體各肢體要密切配合，並在位移時具有輕靈之感。這樣可以展現太極拳「協調輕靈」的特點。

4. 練習太極拳時要注意放鬆，不用拙力。這樣可以展現太極拳的架式平穩舒展、輕鬆柔和的特點。

5. 練習太極拳時要注意集中精神，摒棄雜念。這樣可以展現太極拳「心靜體鬆」的特點。

練習太極拳時要求達到「心靜體鬆」，集中精神是達到這一要求的基本條件。練太極拳時怎樣集中精神？可參照以下方法：

方法之一　太極拳起勢之前，先靜立1分鐘，體驗一下全身的放鬆舒適感。暫時讓自己擺脫其他事情，把精神集中到將要練習的太極拳起勢上。

方法之二　在太極拳起勢之前的靜立時，仔細體會一下呼吸，盡量使呼吸緩、深、勻、長。

方法之三　太極拳起勢之前的靜立中，由頭至腳一部分一部分地想像放鬆。

方法之四　太極拳起勢之後，將精神集中於下一個將要進行的動作上。

方法之五　練習太極拳的過程中，始終將精神集中在身體的放鬆感覺上。

6.練習太極拳時要在自然的前提下，逐步體會呼吸與動作的配合。以收到更好的健身效果。

練習太極拳時要用腹式呼吸，要求達到深、長、細、匀、緩的程度。初練時，呼吸要順其自然，不要故意做作。熟練後，呼吸與動作應協調配合，但也是在自然呼吸的基礎上，順著動作的開合、虛實進行。一般的規律為：收、起、屈的動作吸氣；放、落、伸的動作呼氣。

以上內容是筆者練習太極拳的一些體會和對傳統太極拳及《太極拳劍競賽規則》中對身型體態要求的簡要匯總和理解。請您在學練中仔細加以體悟。特別要揭示一下，每個要領都不是孤立的，它們之間有密切的連帶關係。因為人體是一個有機的密不可分的整體。

後　記

肺腑寄語

完成本書的最後一筆，浮想聯翩，心潮起伏，久久不能平靜。

本書不是我的初次之作，此前已出版的專著、合著、教材等已有近30部。為何本書使我感慨？

細思之，感到本書是我自幼至今習武閱歷的首次總結，是我從事武術教學工作的階段性產物。我深深地感到，能有今天的一切，有我付出的異常努力和勤奮，更有恩師們對我的無私傳授；有中國武術運動管理中心和中央國家機關工委的領導們對我的信任，也有國內外的同窗益友們、學生們對我的真誠相助。在此對他們致以衷心的感謝。

恩師們對我的傳授和教誨使我得有今日。僅舉幾位恩師的傳授與讀者在此共同受益。啟蒙恩師賀春全先生和其四子賀德彬師兄傳我武術基本功、多種拳術以及器械的規格技法，使我得以考入北京師範大學體育系武術專業。賀春全先生對我的教誨是「要想人前顯貴，先得旮旯受罪」，時刻激勵著我奮進。

北京師範大學體育系的孟昭祥先生是選我入學，和我在北師大學習、工作期間的授業恩師。孟先生傳我現代武術的技術和理論，異常嚴格的要求使我知道了自己的不足和潛力。孟先生對我的教誨是「幹什麼都要有新意」，使我常存創新之念。

大成拳恩師許福同先生授我大成拳的基本技法，「要練聰明拳」之言永記於心。大成拳恩師于永年先生授我大成拳站樁之法和用現代科學研究傳統武術的思維方法。「有天賦和知識的不練，沒天賦和知識的傻練」之語常使我深思武術的出路何在？

臨清彈腿恩師隋世國先生傳我十路臨清彈腿和傳統武術的精髓秘要，使我深窺民間傳統武術之奧秘。

恩師門惠豐先生言傳身教，帶我走上大眾武術教學之路。門先生「不要忘了黨和組織的培養」和「要在黨的領導下研究武術」之言，昇華了我的思想境界。還有李天驥先生的宏觀創新法；李德印先生的系統教學法；王培生先生的玄虛關聯法都使我受益匪淺。

還有多位教過我並使我受益的恩師和老師們，在此衷心地致以謝意！

另外，我在北師大體育系武術專業已任教 21 年，歷屆的本科生和研究生與我真誠相待，親如家人。雖然在他們每個人的知識體系中有我付出的心血，但他們的「觀念更新，武術才能發展」「武術套路動作能否還原？」「時代需要重新考慮武術的用途」「要從多學科

的不同角度思考傳統文化問題」等思想和在武術理論與技術方面的探索追求，以及他們對現代新學科、電腦、外語的掌握水準，也使我開闊了眼界並受益頗深，使我感到後生不是可畏，而是可敬，更可學。

　　話到此處，思緒如潮。願作古恩師在冥冥之中能聽到我心中的「感謝」二字；願健在的各位恩師健康長壽，夕陽更紅；願各位幫助過我的益友事業有成；願我的學生們前程似錦。放開眼界看未來，堅定不移向前進。

王建華

國家圖書館出版品預行編目資料

簡易太極拳健身功／王建華　著
——初版，——臺北市，大展，2005〔民94〕
面；21公分，——（武術特輯；70）
ISBN　957-468-406-7（平裝）

1.太極拳

528.972　　　　　　　　　　　　　　　94014900

簡易太極拳健身功　　　　ISBN 957-468-406-7

著　　　者／王建華
責任編輯／朱曉峰
發 行 人／蔡森明
出 版 者／大展出版社有限公司
社　　　址／台北市北投區（石牌）致遠一路2段12巷1號
電　　　話／（02）28236031・28236033・28233123
傳　　　眞／（02）28272069
郵政劃撥／01669551
網　　　址／www.dah-jaan.com.tw
E - mail／service@dah-jaan.com.tw
登 記 證／局版臺業字第2171號
承 印 者／高星印刷品行
裝　　　訂／建鑫印刷裝訂有限公司
排 版 者／弘益電腦排版有限公司
授 權 者／北京人民體育出版社
初版1刷／2005年（民94年）10月

定　價／180元